Lothar Laux, Astrid Schütz

»Wir, die wir gut sind«

Die Selbstdarstellung von Politikern
zwischen Glorifizierung und Glaubwürdigkeit

Mit einem Interview mit Wolfgang Herles
und Collagen von Hakon Ruprecht

Deutscher
Taschenbuch
Verlag

Die Collagen stammen von Hakon Ruprecht, Professor für Kunstpädagogik an der Universität Bamberg. Zusammen mit Klaus Eid hat er das Buch ›Collage und Collagieren. Anregungen für Schule und Freizeit‹ (Köln 1990) veröffentlicht. Die Collage ›Superman forever‹ ist von Lucas Laux.

Originalausgabe
April 1996

Umschlaggestaltung: Dieter Brumshagen
Umschlagbild: Hakon Ruprecht
Satz: Design-Typo-Print GmbH, Ismaning
Druck und Bindung: C. H. Beck'sche Buchdruckerei, Nördlingen
Printed in Germany · ISBN 3-423-04682-1

Inhalt

Einstimmung

Die Bundesrepublik Deutschland im Sommer 1995: Ein »Schlaraffenland« für diejenigen, die sich mit der Selbstdarstellung von Politikern* befassen. Während wir das Manuskript zu diesem Buch abschließen, tobt der Führungsstreit in der SPD. Die überregionalen Tageszeitungen berichten täglich, wie sich die Genossen zerfleischen; die Wochenzeitschriften und Magazine überbieten sich mit ausführlichen Leitartikeln und Hintergrundanalysen zur Scharping-Schröder-Kontroverse. Ein Interview jagt das andere: Schröder und Scharping auf allen Kanälen. Ihre Omnipräsenz in den Medien liefert uns immer wieder neue, anschauliche Beispiele für die Selbstdarstellung von Politikern. Schröder gilt als jemand, der das »Schaulaufen« liebt und besser beherrscht als Scharping. Tatsächlich sind die öffentlichen Stellungnahmen von Gerhard Schröder eine wahre Fundgrube für Selbstdarstellungsforscher:

»Ich bin, wie ich bin. Ich lasse mich nicht mehr umstricken.« (Die Woche, 36, 1995, S. 6) Gerhard Schröder – so folgern wir –, weiß, daß es auf Authentizität und Geradlinigkeit ankommt, wenn man ein Publikum erobern will. Daher tritt er immer als »er selbst« auf!

Schröder beherrscht nicht nur die Kunst der Selbstdarstellung, er macht sich auch öffentlich Gedanken darüber: »Wir Politiker spielen keine Rollen, doch die Fähigkeit, sich darzustellen, ist in einer Medien-Demokratie unbedingt nötig.« (Petra, 9, 1995, S. 236) Und: »Das Transpor-

---

* Wir sprechen absichtlich nicht von Politikerinnen, weil unsere Aussagen für die bisher kleine Gruppe von Frauen in politischen Führungspositionen so pauschal sicherlich nicht zutreffen.

tieren von wichtigen Inhalten läuft in einer Gesellschaft, die durch Medien informiert wird, nun einmal über Personen.« (Der Spiegel, 37, 1995, S. 36) Er verrät uns auch, wie man sich wirkungsvoll in Szene setzt, z. B. bei Fotosessions: »Hab' ich inzwischen Übung drin: 'n bißchen lächeln, bißchen Stahl in die Augen und ab.« (Petra, 9, 1995, S. 236)

Bei seiner Selbstdarstellung nutzt Schröder viele Varianten des mehr oder weniger subtilen Witzes, z.B: »Wenn ich so werde, wie der Scharping es will, läßt sich meine Frau scheiden.« (Die Zeit, 36, 1995, S. 2) Seine Feststellung, der Abgeordnete Struck organisiere in der Bonner SPD-Fraktion ein »Kartell der Mittelmäßigkeit«, wurde von vielen als Beleidigung aufgefaßt. (Der Spiegel, 37, 1995, S. 36) Zeugt solch eine Formulierung nicht eher von Esprit, vom Talent zur geistreichen Rede?

Gerhard Schröder gelingt es, den Eindruck von Flexibilität zu vermitteln. So kehrt er immer wieder schnell zu den Themen zurück, die die Leute wirklich interessieren. Als ihn Journalisten auf seine vermeintliche SPD-Schelte ansprachen, empfahl er eine Versachlichung der Debatte: »Lassen Sie uns lieber über die Sache reden als über Personen.« (Ebenda, S. 36)

Es wird oft behauptet, er sei ein Egomane, der nur für sich Politik mache. (Der Spiegel, 20, 1993, S. 30) Damit ist jetzt Schluß. Durch neue Interviews wird das Bild vom Machtmenschen völlig umgekrempelt. Gerhard Schröder sorgt sich nämlich um die Partei, auch wenn er mit Scharping streitet: »Die Partei leidet unter dieser Debatte. Wir alle müssen begreifen, daß wir eine Verantwortung für diesen uralten Laden SPD haben.« (Die Woche, 36, 1995, S. 6)

Mit solchen und anderen Strategien der Selbstdarstellung wollen wir uns in diesem Buch befassen und untersuchen, welche Prinzipien ihnen zugrunde liegen. Unserer Auffassung nach findet Selbstdarstellung vor allem im Span-

Wir Politiker spielen keine Rolle ...

nungsfeld von *Glorifizierung* (ideale, vorteilhafte Eindrücke anstreben) und *Glaubwürdigkeit* (glaubhafte, plausible, überzeugende Eindrücke anstreben) statt. Politiker müssen sich oft zwischen einer vorteilhaften Präsentation eigener Eigenschaften und Fähigkeiten und einer weniger attraktiven, dafür aber glaubwürdigeren Darstellung entscheiden.

»*Wir, die wir gut sind*, haben uns zurückzunehmen, um den Überwältigungseffekt zu vermeiden«, soll der sächsische Ministerpräsident Biedenkopf einmal gesagt haben. (Der Spiegel, 52, 1990, S. 59) Dieses Zitat richtete sich an die Wessis in den neuen Bundesländern. Bezogen auf die Thematik unseres Buches gilt eher, daß Politiker sich zurücknehmen müssen, damit das Publikum sie als glaubwürdig wahrnimmt.

Selbstdarstellung = i. Psychologie
wertfrei (also nicht
negativ wie häufig i.
öff. Leben)

kursiv gedrucktes = zu können

1. »Wir, die wir gut sind.« Die Selbstdarstellung von Politikern zwischen Glorifizierung und Glaubwürdigkeit[1]

Von Lothar Laux und Astrid Schütz

Es gibt wahre Begebenheiten, die wie Tragödien im Theater enden. Ein Politikerbeispiel: Der »Held« des tragischen Geschehens steht für einen neuen Politikertypus, der fast zu jeder Tages- und Nachtzeit politische Kultur vorführt. Die Medien stellen ihn als feinsinnigen Genießer, als Liebhaber der schönen Künste, als Spätaufsteher dar.

Er lehnt es ab, sich als Politikmaschine zu definieren, die ihre Lustbefriedigung nur noch durch den Beifall auf Versammlungen gewinnt. Wichtiger noch: Er führt neue Maßstäbe in die Politik ein. Seine Selbstdarstellung trägt dazu bei, daß er zur Symbolfigur für eine Politik mit moralischem Anspruch, mit mehr Wahrhaftigkeit und Glaubwürdigkeit wird.

Ausgerechnet dieser Mann stolpert über eine Affäre, die seine eigene Glaubwürdigkeit in Frage stellt: Er sagt die Unwahrheit, als er dem Untersuchungsausschuß erzählt, er habe von den Machenschaften seines politischen Kontrahenten erst nach der Wahl erfahren. Sein Verhalten widerspricht damit in eklatanter Weise seiner idealisierten Selbstdarstellung, seinem Image als Lichtgestalt. Die Rede ist von Björn Engholm.[2] Wie Engholm neigen viele Politiker zu einer glorifizierten Selbstdarstellung.

Ikone Engholm

Selbstdarstellung von Politikern

Mit *Selbstdarstellung* bemühen wir uns, den Eindruck zu steuern, den wir auf andere Personen ausüben. Wir nehmen Einfluß darauf, wie andere uns wahrnehmen, welche Eindrücke sie gewinnen und, als Folge davon, wie sie uns behandeln.

Für Politiker ist Selbstdarstellung besonders bei zwei Gelegenheiten bedeutsam: im Wahlkampf und im Fall politischer Skandale.[3] In den Wahlkämpfen der letzten 20 bis

30 Jahre sind Inhalte zunehmend ins Abseits geraten, statt dessen wurde die Persönlichkeit der Kandidaten in den Mittelpunkt gerückt. Vor allem die modernen Massenmedien bieten die Möglichkeit der Inszenierung des Wahlkampfes und damit der Selbstdarstellung der Spitzenkandidaten. In der Mediengesellschaft wird Wirklichkeit medial konstruiert. Politische Themen werden an Personen gekoppelt.

Der Wettstreit zwischen den Parteien kulminiert im Kampf zwischen den Spitzenkandidaten. Der Spitzenpolitiker einer Partei – und nicht ihr politisches Programm – ist wichtigster »Inhalt« der Wahlkampagne geworden. Der Spitzenkandidat stellt im Wahlkampf die Verkörperung der Ziele und Anliegen seiner Partei dar.[4] Für die breite Öffentlichkeit scheint er eigentlicher Gegenstand der Wahlentscheidung zu sein.

Während die Darstellung im Wahlkampf als immer wiederkehrende, fast schon routinemäßige Aufgabe verstanden werden kann, ist die Form der Selbstdarstellung, die bei politischen Skandalen notwendig wird, ein Extremfall. Als Skandal bezeichnet man die plötzliche Enthüllung eines verbotenen oder verpönten Tuns, das hinter einer Fassade der Anständigkeit stattfindet.[5] Skandale bedrohen öffentliche Eindrücke und rufen defensive Selbstdarstellung hervor. Selbstdarstellung ist besonders dringlich, wenn Handlungen eines Politikers publik werden, die in krassem Gegensatz zu seinem bisherigen positiven Image stehen: die aktive Rolle, die der demokratische Politiker im Nationalsozialismus gespielt hat, oder die Annahme von Schmiergeldern bei einer bisher als integer geltenden Politikerin usw. Defensive Selbstdarstellung in politischen Skandalen wird in diesem Buch exemplarisch am Fall Uwe Barschel behandelt (vgl. Kapitel 3).

»Ich bin nicht entscheidungsscheu«: Inhalte der Selbstdarstellung

Die Frage nach dem *Inhalt* der Selbstdarstellung läßt sich scheinbar leicht beantworten. Was wird dargestellt? Natürlich das Selbst. Der Begriff des »Selbst« ist aber mit vielen Bedeutungen belastet, die von philosophisch-psychologischen Grunddebatten herrühren. Die empirisch orientierte Psychologie spricht lieber vom *Selbstkonzept*. Es läßt sich als mentale Repräsentation der eigenen Person auffassen. Anders formuliert: Das Selbstkonzept umschreibt, wer man zu sein glaubt.

Untereinheiten des Selbstkonzepts sind die *Selbstbilder*. Es lassen sich zwei Arten von Selbstbildern unterscheiden: faktische und potentielle. *Faktische* Selbstbilder stellen Kondensate bisheriger Erlebnisse in bestimmten Situationen dar. Sie beinhalten Merkmale, die man sich aufgrund von Erfahrungen zuschreibt. In ihnen sind auch Informationen über unsere Persönlichkeit verarbeitet, die wir aus der Rückmeldung von anderen erhalten. Zu den *potentiellen*, bloß möglichen Selbstbildern[6] gehören solche, die wir anstreben (erfolgreich, fähig, geliebt), aber auch solche, vor denen wir uns fürchten (vereinsamt, depressiv, unfähig). Potentielle Selbstbilder sind nicht bloß vorgestellte Rollen. Sie repräsentieren sehr persönliche, sehr individuelle Hoffnungen, Befürchtungen oder Fantasien.

Die bisher besprochenen Formen von Selbstbildern sind *private Bilder*. Erst durch den Vorgang der Selbstdarstellung werden sie einem Publikum gegenüber veröffentlicht. Sie lassen sich dann als *öffentliche Selbstbilder* auffassen. Aus der Sicht des Publikums können sie als *Eindrücke*, *Außenbilder* oder *Images* bezeichnet werden.

Wie andere Menschen auch schöpfen Politiker bei ihrer Selbstdarstellung aus dem Reservoir ihrer Selbstbilder. Sie versuchen dabei, möglichst positive Eindrücke zu erzielen und gegen bestehende negative anzukämpfen. Das folgende Interview mit Johannes Rau macht dies deutlich:

> Herr Rau, fassen wir mal Ihr Persönlichkeitsbild so zusammen, wie es sich aus Äußerungen von jenen ergibt, die Ihnen nicht gerade nahestehen. Da heißt es, Sie seien entscheidungsscheu, konfliktscheu, harmoniesüchtig.
> Rau: Ja, und so entscheidungs- und konfliktscheu, harmoniesüchtig, wie ich bin, habe ich im bevölkerungsreichsten Industrieland der Bundesrepublik zweimal die absolute Mehrheit gewonnen …
> Ich bin nicht entscheidungsscheu, sondern ich bevorzuge einen anderen Entscheidungsprozeß. Ich sage nicht: Das will ich und das mache ich jetzt; sondern ich will, daß möglichst die, mit denen ich das tue, es mittragen … Aber, wenn gesagt wird, der ist entscheidungsarm, dann frage ich mich, warum keiner auf die Idee kommt, zu prüfen, woher die sechs Hochschulen herkommen, die ich gegründet habe … Die hat doch nicht irgend jemand dahingewürfelt, sie haben doch einen Gründer.[7]

Die negativen Persönlichkeitsbilder, die die Interviewer aufzählen, hält Rau für nicht zutreffend: Seine Entscheidungen mögen etwas länger dauern, werden dafür aber auch von seinen Partnern mitgetragen. In seiner Antwort versucht er, die beanspruchten positiven Selbstbilder mit empirischen Belegen abzusichern. Er weist ihnen – in unserer Terminologie gesprochen – den Status von faktischen Selbstbildern zu.

Der Spielraum, den ein Politiker bei der Darstellung von Selbstbildern hat, ist groß. Er kann aus dem Spektrum individueller Selbstbilder einzelne oder Kombinationen von Selbstbildern auswählen. Diese Selbstbilder wiederum kann er in vielfältiger Weise in Verhalten umsetzen. Zweifellos

Göttlicher Fingerzeig

bewegt er sich noch im »authentischen« Bereich, wenn er aus vielen möglichen Selbstbildern günstige auswählt. Dies haben die amerikanischen Selbstdarstellungsforscher Edward E. Jones und Thane S. Pittman mit folgenden Worten prägnant zum Ausdruck gebracht: »He will put his best foot forward, but it is nevertheless his foot.«[8] Zusätzlich kann er aber auch unpassende Selbstbilder zurückdrängen, und schon befindet er sich »mitten im Schauspiel«.[9] Dabei besteht immer noch ein großer Unterschied zwischen einer beschönigenden Selbstdarstellung und einer bewußten Täuschung oder Lüge.

Für das Publikum ist es oft schwierig zu erkennen, ob der Eindruck, den der Politiker als Persönlichkeit vermittelt, in plausibler Beziehung zu seinen Handlungen steht. Ein Beispiel dafür liefert der amerikanische Wahlkampf. 1984 trat der amtierende Präsident Ronald Reagan gegen den Herausforderer Walter Mondale an. Um sein Image zu verbessern, stellte sich Reagan in den Fernsehdebatten mit Mondale als Abrüstungsbefürworter dar und hob seinen Einsatz für soziale Sicherheit hervor. Beide Selbstdarstellungen widersprachen seiner tatsächlichen Politik – eine

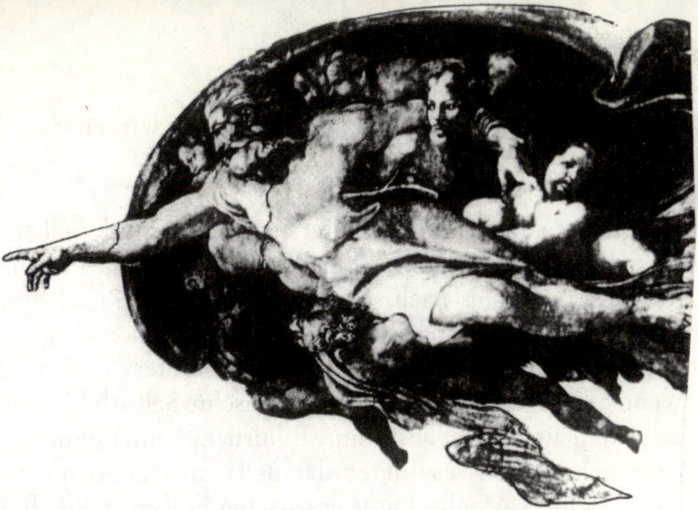

Diskrepanz, die aber nur den politisch informierten Zuschauer/Innen deutlich werden konnte (vgl. Kapitel 2).

Gelegentlich treten aber auch Inkongruenzen in der Selbstdarstellung von Politikern auf, die kaum zu übersehen sind: Zu drastischen Einbrüchen kommt es immer dann, wenn die idealen Selbstbilder, die ein Politiker vermitteln möchte, seinen Fähigkeiten überhaupt nicht entsprechen. In der ersten Fernsehdebatte mit Walter Mondale wollte Reagan unter anderem den Eindruck von Vitalität und Kompetenz vermitteln. Er bemühte sich, mit Fakten- und Detailwissen zu glänzen. Ihm fielen aber im entscheidenden Moment die notwendigen Zahlen und Fachausdrücke nicht ein. Er wirkte vergeßlich und verbraucht: Das gefürchtete Bild des »unfähigen«, »alten« Selbst kam zum Ausdruck. Diese Episode hat allerdings Ausnahmecharakter. Gerade Reagan besaß die Fähigkeit, positive Bilder zu vermitteln (vgl. Kapitel 2). Er war die Personifikation all dessen, was in den Vereinigten Staaten heroisiert wird. Sein eigenes idealisiertes Selbstbild verschmolz mit dem idealisierten Selbstbild der USA. Selbst göttlicher Einfluß schien im Spiel zu sein (siehe oben)!

»Hier darf nichts trickreich, nichts taktisch wirken«: Motive der Selbstdarstellung

Die Motive zur Selbstdarstellung sind vielfältig. Die Selbstdarstellungsforschung befaßt sich seit langem mit Motiven wie dem Bedürfnis nach sozialer Anerkennung, nach sozialem Einfluß oder nach Macht. Sie alle kommen auch als Motive für die Selbstdarstellung des Politikers in Frage: Wenn es dem Politiker gelingt, erwünschte Selbstbilder zu vermitteln und damit bestimmte Eindrücke beim Publikum zu erzielen, dann resultieren daraus langfristig Anerkennung, Einfluß, Macht. Diese erwarteten Folgen stellen für den Politiker »Anreize« zur Selbstdarstellung dar.[10]

Selbstidealisierung und Selbstkongruenz

Wir wollen zwei Motivkomplexe in den Mittelpunkt stellen, denen die neuere Selbstdarstellungsforschung besondere Bedeutung beimißt: das *Streben nach Selbstidealisierung* und das *Streben nach Selbstkongruenz*. Es handelt sich um universelle Verhaltenstendenzen, die sich als nicht weiter zerlegbare »Endziele« des Verhaltens auffassen lassen.[11] Beide haben mit den Inhalten des Selbstkonzepts, den Selbstbildern, zu tun.

Das Streben nach Selbstidealisierung

Die Orientierung der Selbstdarstellung am Ideal-Selbst gilt in vielen theoretischen Ansätzen als ein grundlegendes Motiv. Danach bringen Personen in ihrer aktuellen Selbstdarstellung zum Ausdruck, wie sie gern sein möchten. Mögliche Selbstbilder bzw. das Idealselbst fungieren als Skripts oder Drehbücher für das Selbstdarstellungsverhalten. Nach dem amerikanischen Selbstdarstellungsforscher Baumeister, der von einem Motiv der *Selbstkonstruktion* spricht, bemüht sich der Handelnde, das Publikum zu überzeugen, daß er dem eigenen Idealbild entspricht.[12] Es scheint leichter zu sein, sich selbst vom »Vorhandensein« eines bestimmten Merkmals zu überzeugen, wenn auch andere daran glauben. Eine Anpassung an das Publikum ist damit nicht verbunden, denn das Idealbild des Handelnden ist der Standard, von dem aus er den Erfolg der Selbstdarstellung einschätzt.

Selbstdarstellung in Richtung auf das Selbstideal kann selbstwerterhöhend wirken, also zu positiven Urteilen über sich selbst führen. So gesehen befindet sich das Bedürfnis nach *Selbstidealisierung* in enger Nachbarschaft mit dem Bedürfnis nach *Selbstwertmaximierung*. Unter Selbstwertmaximierung versteht man ein grundlegendes Bedürfnis, das eigene Selbstwertgefühl zu schützen und zu erhöhen.[13] In einer Arbeit der amerikanischen Selbstdarstellungsforscher Schlenker und Weigold werden beide Motive unter dem Begriff der *Selbstglorifikation* zusammengefaßt.[14]

Selbstdarstellung, die sich am Idealbild orientiert, kann zur Kompetenzerhöhung, zur Weiterentwicklung führen, denn Vorstellungen über zukünftiges ideales Verhalten üben einen positiven Einfluß auf unser gegenwärtiges Verhalten aus. Idealbildorientierte Darstellung erweist sich dann als effektiv, wenn sie maßvoll bleibt, wenn sie sich nicht drastisch von dem unterscheidet, was die Person schon jetzt an »Ausstattung« mitbringt. Ist das Idealbild allzu weit von den Möglichkeiten des Real-Selbst entfernt, läßt sich mit Horney vom *idealisierten Ebenbild* als einer neurotischen Erscheinungsform sprechen.[15] Das Interesse des Neurotikers besteht darin, sich selbst davon zu überzeugen, »… daß er tatsächlich der allen überlegene Geist

Du bist mein Ideal!

und das auserlesene Menschenwesen *ist* und daß sogar seine Fehler großartig sind.«[16]

Das Streben nach Selbstkongruenz

Übertriebene Orientierung an idealen Selbstbildern kann zahllose persönliche und zwischenmenschliche Probleme nach sich ziehen. Wenn man eine unrealistische Fassade aufrechterhalten muß, entsteht Angst. Generell erwartet das Publikum vom Darsteller, der vorgibt, bestimmte Qualitäten zu haben, daß er sich auch dementsprechend verhält – sonst drohen Sanktionen. Die Furcht, propagierte Selbstbilder nicht umsetzen zu können und somit aufzufallen, hält viele von einer allzu kühnen Überschreitung ihrer Möglichkeiten ab.[17] Für den Darsteller, der dazu neigt, sich seinen faktischen Selbstbildern entsprechend zu verhalten, ergeben sich solche Schwierigkeiten nicht.

Die Annahme, daß Personen versuchen, sich ihrem Realselbst entsprechend zu verhalten, ist nicht neu. Die Kongruenz zwischen Selbst und Verhalten gilt in der humanistischen Psychologie seit langem als Merkmal für psychische Gesundheit. Entsprechende Ansätze sind mit den Begriffen *Selbstenthüllung* und *transparentes Selbst*[18] sowie *Selbstöffnung*[19] oder *Echtheit*[20] verbunden. Zusammenfassend läßt sich von *Selbstkongruenz* sprechen. Wird vor allem die Kontinuität betont, also das Bestreben, dauerhafte Einschätzungen über sich selbst aufrechtzuerhalten, bieten sich die Begriffe *personale Kontinuität* oder *Selbstkonsistenz* an.[21]

Individuums- und publikumszentrierte Motive

Für die Analyse der Selbstdarstellung von Politikern erweist sich eine weitere Unterscheidung als sehr bedeutsam. Es ist die Aufteilung in individuums- und publikumszentrierte Motive.[22] Die bisher beschriebenen Motive der Selbstkongruenz und der Selbstidealisierung sind individuumszentrierter Natur (vgl. Tab. 1.1): Sie bezeichnen interne Zustände, die das Individuum durch seine Selbstdar-

Realitätsausprägung Bereich	real	ideal
individuumszentriert	sich so darstellen, wie man sich sieht (Selbstkongruenz)	sich so darstellen, wie man gerne sein möchte (Selbstidealisierung)
publikumszentriert	sich so darstellen, daß man vom Publikum als selbstkongruent wahrgenommen wird	sich so darstellen, wie man gerne vom Publikum wahrgenommen werden möchte

Tabelle 1.1 Motive der Selbstdarstellung

stellung einem Publikum gegenüber anstrebt. Im Falle des Strebens nach Selbstkongruenz z. B. möchte sich der Akteur dem Publikum gegenüber so darstellen, wie er sich selbst sieht. Er orientiert sich also am Maßstab seiner realen Selbstbilder. Demgegenüber sind die Motive des Politikers primär publikumszentriert (vgl. Tab. 1.1). Sein vorrangiges Ziel ist es, sich so darzustellen, daß das Publikum ihn als selbstkongruent und damit als glaubwürdig wahrnimmt. Als entscheidend erweist sich also, daß er den Eindruck von Selbstkongruenz erzeugt, unabhängig davon, ob dieser Eindruck der privaten Realität entspricht.

Die Unterscheidung von individuumszentrierten und publikumszentrierten Motiven schließt nicht aus, daß Politiker versuchen, private und öffentliche Selbstbilder in Übereinstimmung zu bringen, wie dies z. B. Engholm gefordert hat:

> ... die Schwierigkeit, denke ich, in einem Geschäft, das so überwiegend öffentlich beguckt wird wie das meine, besteht darin, diese Identität sowohl in der Öffentlichkeit wie in der Privatheit zu wahren und nicht zwei unterschiedliche Identitäten zu haben, nicht einmal der Richtige sein und einmal der Verstellte, der Gemachte. Also es darf nicht den Unterschied geben in diesen beiden Welten, die man hat zwischen Fiktion und Realität. Man muß beide sehr eng miteinander verkoppeln, man muß immer man selbst sein. Das ist gelegentlich sehr schwer, und man schafft es nur, wenn man sich so winzige Räume für Muße und Selbstbesinnung und null Beobachtung schafft, aber das ist zugegebenermaßen nicht leicht.[23]

Im praktischen politischen Handeln vermischt sich individuumszentrierte und publikumszentrierte Selbstdarstellung häufig. So kann z. B. die selbstkongruente Darstellung die Basis liefern für das Erzielen eines überzeugenden Eindrucks beim Publikum. Es reicht aber oft nicht aus, einfach nur »echt« zu sein. Selbstkongruente Vorlagen müssen in der Regel bearbeitet werden, wenn sie wirksame Eindrücke beim Publikum hervorrufen sollen: Klaus Bölling, Sprecher der sozialliberalen Regierung, berichtet über die dramatischen letzten Tage von Kanzler Schmidt. Im Kreis der Berater wird gemeinsam mit dem Kanzler dessen letzte große Kanzlerrede vorbereitet.

> Wir streichen alle auch nur von ferne nach Polemik riechenden Sätze. Hier darf nichts trickreich, nichts taktisch wirken, schon gar nicht gekränkt. Die Rede muß in schmuckloser Sprache die tiefe menschliche Enttäuschung des Kanzlers über die Treulosigkeit von Genscher ausdrücken.[24]

Vertraut man den Tagebuchaufzeichnungen des ehemaligen Regierungssprechers, war die emotionale Befindlichkeit in Form einer tiefen Enttäuschung »echt«, sie mußte aber publikumsgerecht zum Ausdruck gebracht werden. Auch das Echte – so hat es Müller-Freienfels pointiert formuliert – bedarf theatralischer Hilfen.[25]

Einstellungen und Erwartungen des Publikums

Im Medienzeitalter geht es Politikern darum, dem Publikum überzeugende Bilder ihrer Persönlichkeit zu vermitteln. Dies setzt unter anderem voraus, daß sie ihre Selbstdarstellung an den Erwartungen des Publikums ausrichten. Neben dem persönlichen Image, das ein einzelner Politiker in der Öffentlichkeit hat, lassen sich grundlegende Einstellungen und Erwartungen Politikern gegenüber identifizieren. Wir haben sie zu drei Themen zusammengefaßt: der machiavellistische Politiker, der authentische Politiker und der Politiker als Supermann.

Der machiavellistische Politiker

Politiker täuschen und manipulieren. Diese althergebrachte These vom Ränkespiel der Politik betont vor allem den Effekt der Eindruckslenkung. McGinniss, der die Methoden politischer Werbung im US-Wahlkampf 1968 analysierte, vertritt in eher zynischer Haltung die These der äußeren Wirkung: Politiker werden vor allem »verkauft«. Wie andere Fernsehberühmtheiten sind sie Kunstprodukte, die kreiert werden, um zu gefallen. Extrem wird hierbei die Inszenierung des Scheins betont: Als unwichtig gilt, wie eine prominente Person »ist«, zentral dagegen, wie sie zu »sein scheint«.[26]

Die Manipulationsthese ist tief in den Traditionen der Antike verwurzelt. Philo von Alexandrien beschreibt im 1. Jahrhundert v. Chr. das »Spinnennetz politischer Affären«, in dem Täuschungen jeden Grades mit der jeweils geringstmöglichen Menge von Plausibilität verwoben werden. Politiker gelten dabei als Zauberer, deren trickreicher Kunst man sich schwer entziehen kann.[27]

Nicht als Kritiker, sondern als Befürworter der Manipulationsthese empfahl sich Niccolo Machiavelli (1429-1527), eine der umstrittensten Figuren der Renaissance. Er postulierte Täuschung als legitimes, ja notwendiges Mittel politischer Führung. In der Funktion eines »Politikberaters« arbeitete er in seinem Hauptwerk ›Der Fürst‹ Ratschläge und Konzepte für die Kunst des Regierens aus. Für ihn galten keine ethischen Maßstäbe, jeder Trick und jede Manipulation sei dem Fürsten erlaubt. Dennoch habe hinter all diesen Manövern letztlich die Absicht zu stehen, dem Gemeinwohl zu dienen.

> Ein kluger Fürst kann und darf daher sein Versprechen nie halten, wenn es ihm schädlich ist oder die Umstände, unter denen er es gegeben hat, sich geändert haben … nur muß man es gleich dem Fuchse verstehen, seine Rolle durch geschickte Wendungen meisterhaft zu verstekken.[28]

Schon Machiavelli, der Betrug und Heuchelei als zulässige Mittel sieht, ist sich aber darüber im klaren, daß der Eindruck, den Regierende vermitteln, stets positiv sein sollte, unabhängig davon, ob dies den Tatsachen entspricht.

> Es ist also nicht nötig, daß ein Fürst alle die Tugenden, welche ich oben angab, gerade wirklich besitze, sondern es ist schon hinlänglich, wenn er sie nur zu besitzen scheint. Ja, ich getraue mir zu behaupten, daß es sogar gefährlich für ihn sein würde, wenn er sie wirklich alle besäße und immer ausübte, da es ihm im Gegenteil nützlich ist, wenn er sie nur zu besitzen scheint. Ein Fürst muß gnädig, rechtschaffen, herablassend, aufrichtig und gottesfürchtig scheinen und es sein, und gleichwohl so ganz Herr über sich sein, daß er im Fall der Not gerade das Gegenteil von dem allen tun kann … Es muß sich daher ein Fürst angewöhnen, sich nie anders zu äußern als auf eine, jenen fünf Tugenden entsprechende Weise, so daß jeder, der ihn sieht, sich überzeugt halte, er sei die Güte, die Redlichkeit, die Treue, die Höflichkeit und Frömmigkeit selbst, … Jeder sieht, was der Fürst scheint, aber fast niemand weiß es, was er in Wirklichkeit ist, und diese Minorität wagt es nicht, der Meinung der vielen entgegenzutreten, welche der Schild der Majestät des Staates deckt.[29]

Machiavelli geht es also um den Schein. Die Orientierung an dem, was der Fürst tatsächlich ist, wird von ihm sogar als gefährlich angesehen. Wie sehr solche Anleitungen das gängige Stereotyp des Politikers bestimmen, zeigen z. B. die Aphorismen, die der Literaturwissenschaftler Lothar Schmidt gesammelt hat. Die meisten Aussagen sind deutlich negativ getönt:

»Der Politiker ist ein Akrobat. Er hält das Gleichgewicht dadurch, daß er das Gegenteil von dem, was er tut, sagt.« (Barrès)

»Politiker sind Menschen, die irgendwann einmal einen Kompromiß mit ihrer Ehre abgeschlossen haben und die nun entweder ihre Überzeugungen hinunterschlucken oder das anpreisen, was sie für falsch halten.« (Mencken)

»Der Politiker ist ein Händler in Versprechungen.« (Chevallier)

»Der Politiker ist einer, der vor der Wahl alle zum Narren hält.« (Unbekannt)[30]

Aber auch empirische Untersuchungen belegen unmißverständlich, daß ein überaus großer Teil der Bevölkerung eine negative Erwartungshaltung gegenüber den Politikern einnimmt. Nach der Shell-Jugendstudie z. B. stimmen 82 % der Bundesbürger im Alter zwischen 13 und 29 Jahren der Feststellung zu, daß die Bevölkerung von den Politikern betrogen werde.[31]

Der authentische Politiker

Echtheit als Forderung von Werbespezialisten

Ganz im Gegensatz zur Machiavellismus-These McGinniss'[32] behauptet der französische Werbespezialist Seguela, daß Authentizität für den Wahlerfolg schlichtweg unumgänglich ist. Seguela hatte 1981 bei den französischen Präsidentschaftswahlen Mitterrand beraten. Während einer halbjährigen großangelegten Werbeaktion avancierte damals Mitterrand, der zunächst weit hinter Giscard d'Estaing lag, zum beliebteren Kandidaten. Über die Grenzen der Werbung für einen Kandidaten schreibt Seguela:

> In aller Bescheidenheit kann hier ganz klar und eindeutig festgestellt werden, daß kein Werbemann die Fähigkeit hat, wen auch immer zu verändern. ... Was wir wirklich können, ist die Richtung weisen. ... Wenn die Werbung bei dieser Wahl überhaupt eine ausschlaggebende Bedeutung hatte, bestand sie allein darin, mit Hilfe unserer Methode die tiefliegenden soziologischen Wahrheiten über die beiden sich gegenüberstehenden Kontrahenten aufgedeckt zu haben.[33]

Ganz ähnlich betonen zwei weitere Werbespezialisten, daß es unmöglich sei, die Wählerschaft hinters Licht zu führen: »Die WählerInnen bemerken jede Täuschung.«[34] Werbung könne dazu beitragen, die *authentische* Persönlichkeit eines Kandidaten gut zur Geltung zu bringen:

> Wir können nur präsentieren. Wir können dabei helfen, das Positive zu akzentuieren und den Kandidaten von seiner besten Seite zu zeigen. Wir können keine Kunstfigur schaffen und einen Dummkopf als klug, einen Wendehals als geradlinig, einen Mitläufer als Führungspersönlichkeit oder einen Schurken als Wohltäter darstellen.[35]

Dieses Credo betont unserer Meinung nach zuwenig den Spielraum, den der Politiker – wie der Alltagsmensch – bei der Darstellung seiner eigenen Persönlichkeit hat. Es drängt sich die Frage auf, inwieweit diese Aussagen vor allem der Selbstdarstellung der Werbemanager dienen, die das Ansehen der Werbung fördern und ein positives Bild ihres »Produktes« und Auftraggebers zeichnen möchten. Für den Kandidaten Mitterrand war es jedenfalls viel schmeichelhafter, wenn der Wahlsieg auf die bloße Mitteilung der »Wahrheiten« über ihn und Giscard d'Estaing zurückgeführt wurde und nicht als Resultat einer geschickten Eindruckslenkung erschien, bei der negative Merkmale verborgen und positive kreiert wurden.

Echtheit als Forderung von Vertretern der Gesprächspsychotherapie

Im Gegensatz zu der Sichtweise, daß Politiker vor allem geschickte Taktiker und Manipulatoren seien, vertritt auch die gesprächspsychotherapeutische Richtung die Auffassung, daß sowohl das Verhältnis zwischen BürgerInnen und Politikern als auch internationale Beziehungen durch Offenheit und Echtheit verbessert werden könnten. Ihnen geht es um »Selbstöffnung«, um den unverzerrten Ausdruck der inneren Befindlichkeit. Dies soll auch im politischen Bereich gelten. Der Kern ihrer Forderung besteht darin, daß Menschen auch im politischen Zusammenleben »echter« werden sollten. Sie übertragen damit ihr humanistisches Welt- und Menschenbild auf Bereiche außerhalb der Therapie.

So beklagen Reinhard Tausch und Anne-Marie Tausch, die bekanntesten deutschsprachigen Vertreter der Gesprächspsychotherapie, die Fassadenhaftigkeit zwischenmenschlicher Interaktion in unserer Gesellschaft.[36] Ihnen zufolge widerspricht das Verhalten oft dem Fühlen und Denken und ist damit eher an von außen kommenden Erwartungen als an inneren Zuständen orientiert. Solch nichtauthentischen Verhalten sei unter anderem bei Politikern häufig festzustellen:

> Viele Politiker bemühen sich, in ihren Reden und in ihrer Mimik etwas anderes auszudrücken als das, was sie wirklich denken und fühlen. Sie bemühen sich, stark und sicher zu erscheinen, wenn sie sich unsicher fühlen. Sie lächeln, wenn sie im Fernsehen nach einer verlorenen Wahl interviewt werden.[37]

Als positive Alternative zu der von ihnen kritisierten Fasadenhaftigkeit fordern die Autoren von Politikern authentisches Verhalten:

> Politiker, die sich nicht hinter Fassaden und Masken verbergen, werden in ihrer Persönlichkeit dem Bürger transparent, durchsichtig. Die Bürger können so eher erfahren, mit welcher Person sie es zu tun haben. Sie können Politikern, die ihre Person nicht verbergen, eher vertrauen … Politiker, die freier von Fassaden werden, brauchen nicht über andere zu reden, sie zu bewerten, zu beschimpfen, abzulehnen, sondern sie sagen und diskutieren das, was sie fühlen, was sie wünschen, was sie tun möchten.[38]

Nicht nur in der Kommunikation zwischen BürgernInnen und Politikern, auch in der gegenseitigen Beziehung von Politikern beklagen Tausch und Tausch Unaufrichtigkeit: »Auch untereinander äußern Politiker nicht offen, was sie denken und wünschen.«[39] Der Begründer der Gesprächspsychotherapie, Carl Rogers, hält offenes authentisches Verhalten, wie es für Encountergruppen typisch ist, auch in politischen Verhandlungen für sinnvoll. Er postuliert, daß Spannungen auf internationaler Ebene durch entsprechende Kommunikationsformen vermindert werden können.[40]

Als allgemeine Maxime, die auch »Wege zu uns im politischen Zusammenleben« aufzeigen soll, erweist sich die gesprächspsychotherapeutische Position als problematisch.[41] So zweifelt Günter Zurhorst an der universellen Anwendbarkeit der drei folgenden therapeutischen Qualitäten:

> Klingt es nicht reichlich naiv und weltfremd, wenn der Psychotherapeut Reinhard Tausch behauptet, alles in der Gesellschaft käme schon in Ordnung, wenn die Politiker nur »echt«, »nicht-wertend einfühlsam« und »achtungsvoll-sorgend« – eben wie gute Psychotherapeuten – aufträten (Tausch, 1980)? »Echtheit«: Die neue Allerweltsformel zur Lösung jedes möglichen menschlichen Konflikts?[42]

Die radikale Gegenposition zu dem gesprächstherapeutischen Credo nimmt der amerikanische Soziologe Richard Sennett in seinem Buch ›Verfall und Ende des öffentlichen Lebens‹ ein.[43] Er sieht den Wunsch nach Echtheit und Nähe als zeitgenössische Besessenheit an, als Kennzeichen einer unzivilisierten Gesellschaft, in der man andere mit dem eigenen Selbst belaste.

Nach Sennett hat die »Tyrannei der Intimität« zum Verfall des öffentlichen Lebens geführt. Zivilisiertheit sei dagegen ein Verhalten, das die Menschen voreinander schütze und es ihnen zugleich ermögliche, an der Gesellschaft anderer Gefallen zu finden. Eine Maske zu tragen gehöre zum Wesen von Zivilisiertheit. Ein größerer Gegensatz zur gesprächstherapeutischen Position läßt sich nicht denken: Wo Tausch und Tausch fordern, die Menschen sollen sich öffnen und einander ihr persönliches Erleben anvertrauen, verlangt Sennett ein gesellschaftliches Forum, auf dem sich Menschen begegnen können, ohne daß gleich der zwanghafte Wunsch hinzuträte, sie als Personen kennenzulernen.

Das Kontrastprogramm von Sennett verwundert und stimmt nachdenklich. Es ist eine ernsthafte Aufforderung, sich zu überlegen, wo die Grenzen der Personalisierung der Politik, der Veröffentlichung des Privaten, die Selbstdarstellung des Politikers sein sollten. Sennett selbst fordert die Wiederherstellung eines Gleichgewichts zwischen öffentlicher und Privatsphäre, das sowohl öffentliches Rollenspiel als auch intime Authentizität gestattet.

Der Politiker als Supermann

Bei der Diskussion um Spitzenkandidaten für politische Ämter lassen sich oft irreal hohe Erwartungen ausmachen, z. B. der Wunsch nach einem gütigen Vater, nach einem Supermann, der alles kann, nach einem moralischen Vorbild mit blütenweißer Weste usw. Solche Erwartungen überfordern die kandidierenden Personen natürlich und erschweren das Zugeben selbst kleinerer Schwächen und Fehler:[44]

> Ehebruch, so hatten Demoskopen im Verlauf des Hart-Debakels erkundet, kostet in der zwischen Bigotterie und Permissivität zerrissenen Nation ein Drittel der Stimmen. Ein Bekenntnis zur Homosexualität würde einem Kandidaten ein Minus von 54 Prozent erbringen, während bei der Gattin eine Abtreibung mit minus 11 Prozent und Alkoholismus mit minus 6 Prozent zu Buche schlagen würden. 52 Prozent der Wahlberechtigten wünschen sich eine »supermoralische« Leitfigur, aufrecht wie ein »Sonntagsschullehrer«. (Der Spiegel, 46, 1992, S. 173)

Daniel J. Boorstin, der Autor der einflußreichen Studie ›The image or what happened to the American Dream‹

spricht gar von einem Bedürfnis der WählerInnen, durch schöne Illusionen getäuscht zu werden.[45] Schuld an der Inflation der Unwahrheiten sind demnach weniger manipulierende Werbemanager, sondern vielmehr die breite Bevölkerung, die die Wahrheit gar nicht wissen will: »Das größte Problem besteht darin, daß wir im Grunde getäuscht werden wollen ...«[46] Kritisch ist anzumerken, daß solch eine Aussage als willkommene Ausrede dienen kann, um eigene Ideologien durchzusetzen – da die Wählerschaft ja angeblich unmündig ist. Illustriert werden kann die Attraktivität schöner Illusionen, der Traum eines neuen und besseren Amerika – auch wenn diese für breite Bevölkerungsschichten in krassem Gegensatz zu faktischen Verschlechterungen im ökonomischen und sozialen Bereich stehen – am Beispiel der Wahlkampagne von Ronald Reagan 1984 (vgl. Kapitel 2).

Zu der These, daß Politiker perfekt sein müßten, liegen empirische Arbeiten des Psychologen Raphael Diepgen vor.[47] Er untersuchte, ob die Befürchtung von Politikern berechtigt sei, daß eine persönliche Beratung durch Psychologen ihrem Image und ihren Wahlchancen schade.

In den Interviews von Raphael Diepgen antwortete ein Politiker auf die Frage, wie er das Bedürfnis nach psychologischer Supervision bei Politikern einschätze, daß er durchaus Bedarf sehe. Andererseits sei es für Politiker jedoch kaum möglich, Schwächen einzugestehen. Dies werde besonders von Politikern mittlerer Ebene als bedrohlich erlebt:

> Also, ich würde sagen, uneingestanden ganz bestimmt bei 'ner breiten Schicht, ja. Wenn es darum geht, das zu artikulieren, würd' ich da meine Zweifel haben. Weil, wie gesagt, Politiker geradezu dazu gezwungen werden, auch durch ihre eigene Erfahrung, nach Möglichkeit alles sel-

Superman forever

ber zu machen und keine Schwäche einzugestehen. Weil ich meine, das sind Stellen, die Menschlichkeit oder Verwundbarkeit eines Menschen zeigen. Und da meinen Politiker, jedenfalls so die mittleren, das ist gefährlich.[48]

Eine ebenfalls von Diepgen durchgeführte postalische Befragung an einer Zufallsstichprobe von 164 Personen aus der bundesdeutschen Wählerschaft zeigt, daß die von Politikern und Politikmanagern befürchtete negative Auswirkung psychologischer Beratung unbegründet ist. Den Befragten wurden schriftlich kurze Personenbeschreibungen von zwei Kandidaten vorgelegt. Dabei wurde das Merkmal »Inanspruchnahme psychologischer Beratung« variiert. Bei jeweils einem der Kandidaten wurde ein Zusatz eingefügt, der sich auf eine psychologische Beratung bezog (»Sehr häufig berät sich ... mit einem Psychologen, der zu seinem Mitarbeiterstab gehört«), beim anderen ein neutraler Zusatz (»Viel Zeit verbringt ... mit intensivem Aktenstudium«). Die Befragten sollten angeben, wen sie eher wählen würden. Die Variation der alternativen Zusätze hatte keine Auswirkungen.[49]

Eine zusätzlich durchgeführte Straßenbefragung mit 80 Personen zeigte, daß auch dann keine negativen Auswirkungen auftraten, wenn die Beschreibung des einen Kandidaten einen Hinweis auf die PR-Tätigkeit eines beratenden Psychologen enthielt: »Was sein Auftreten in der Öffentlichkeit angeht, läßt sich ... sehr häufig durch einen Psychologen, einen Fachmann für Public Relations, beraten.« Der so beschriebene Kandidat hatte in der hier ebenfalls simulierten Wahlentscheidung keine schlechteren Chancen als der andere Kandidat. Ein mäßig negativer Einfluß auf die Wahlentscheidung war nur dann zu erkennen, wenn explizit von psychotherapeutischer Beratung die Rede war: »Nach einer persönlichen Krise hat sich ... im letzten Jahr einer Behandlung durch einen Psychotherapeuten unterzogen.« Andererseits wertete eine Minderheit der Befragten gerade den Hinweis auf die Psychotherapie positiv – als Merkmal von Menschlichkeit und persönlicher Entwicklung, vor allem aber als Hinweis auf den Mut des Kandidaten, dies einzugestehen. Damit tritt diese Minderheit für die Position der Gesprächspsychotherapie ein – ein Hinweis, daß Selbstdarstellungen von unterschiedlichen Adressaten auch unterschiedlich wahrgenommen werden. Drastische Selbstöffnung wirkt auf einen kleinen Teil der Bevölkerung positiv.

wichtig

Selbstdarstellung als Integration von Motiven

Der vorangegangene Abschnitt hat es deutlich gemacht: Ein Teil des Publikums steht dem Politiker äußerst kritisch gegenüber und wartet nur darauf, jede Handlung als Ausdruck von Manipulationstendenzen zu interpretieren. Ein anderer Teil erhofft sich von ihm den Ausdruck »wahrer« Gedanken und Gefühle. Selbstöffnung, Echtheit werden gefordert. Wiederum ein anderer Teil möchte im Politiker ein Vorbild für moralisches Handeln sehen.

Wie kann sich ein Politiker überhaupt nach Erwartungen richten, die derart widersprüchlich sind? Versucht er durchgängig selbstkongruent zu agieren, werden schnell seine Fehler und Unzulänglichkeiten deutlich. Er mag »menschlich« wirken, aber um welchen Preis! Läßt er sich von seinen idealen Selbstbildern leiten, kollidiert er – zumindest auf längere Sicht – mit der Realität. Die gleißende, überhöhte Selbstdarstellung läßt sich nicht durchhalten.

Erwünschte Selbstbilder: glaubhaft und vorteilhaft

Diese Schwierigkeit kennen nicht nur Politiker. Alltagsmenschen befinden sich in dem gleichen Dilemma. Wie bewältigen sie diese Schwierigkeit? Nach der Auffassung von Schlenker und Weigold versuchen sie, Selbstbilder zu vermitteln, die zwei zentralen Kriterien genügen: Sie sollen möglichst *glaubwürdig* und möglichst *vorteilhaft* sein.[50]

Vom Darsteller aus gesehen ist ein Selbstbild dann glaubwürdig, wenn es eine möglichst genaue, plausible Zusammenfassung seiner bisherigen Verhaltensweisen in einer Klasse von Situationen beinhaltet. Anders formuliert: Bisherige Erfahrungen und Leistungen in einem bestimmten

Erfahrungsbereich stimmen mit dem Selbstbild überein. Wenn der Darsteller solche Selbstbilder vermittelt, erwartet er, daß sie für das Publikum plausibel sind, so daß es ihm glauben, ihn also als glaubwürdig beurteilen kann.

Besonders in der forensischen Literatur wird begrifflich unterschieden zwischen *glaubhaft* und *glaubwürdig*. Glaubhaftigkeit bezieht sich auf eine einzelne Aussage oder Verhaltensweise. Von den Handlungen einer Person kann sich die Glaubhaftigkeit übertragen auf die gesamte Person. Man spricht dann von Glaubwürdigkeit als Eigenschaft einer Person.[51] In der übrigen Literatur faßt man jedoch beide Aspekte unter dem Begriff der Glaubwürdigkeit zusammen.

Glaubhaftigkeit oder Glaubwürdigkeit ist ein kommunikativer Begriff. Er setzt die tatsächliche oder vorgestellte Existenz eines Publikums voraus: »Glaubwürdig ist der, von dem die anderen glauben, daß er nicht lügt. Glaubwürdigkeit ist sozusagen die Basis, auf der Kommunikation funktioniert; sie ist kommunikatives Urvertrauen, ohne das nichts geht.«[52]

Vorteilhaft sind Selbstbilder nach Schlenker und Weigold dann, wenn sie den Zielen des Darstellers dienen, wenn sie ihm also Gewinn, Nutzen, eben Vorteile bringen.[53] Dazu muß er sich möglichst im besten Licht zeigen. Viele unterschiedliche Selbstbilder kommen in Frage, wenn es darum geht, das Publikum zu beeinflussen. Man kann sich z. B. als sympathisch, kompetent, moralisch oder auch vorbildlich darstellen.

Selbstbilder, die nun beiden Anforderungen Rechnung tragen, die also sowohl möglichst glaubhaft als auch möglichst vorteilhaft sind, bezeichnen Schlenker und Weigold als *erwünschte Identitätsbilder*.[54] Um bei einer einheitlichen Terminologie zu bleiben, nennen wir sie erwünschte Selbstbilder. Solche Bilder beziehen sich auf das, was ein

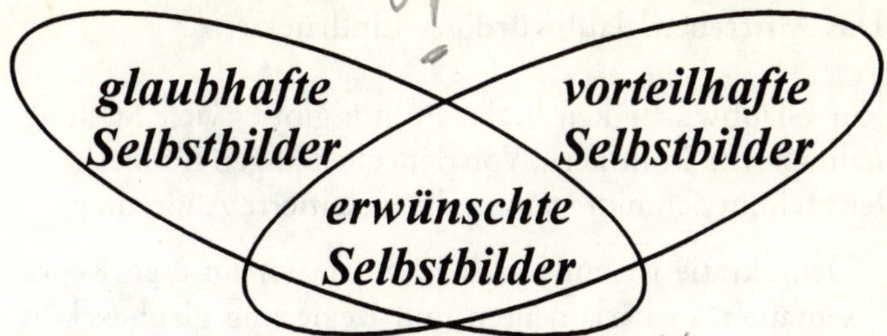

Erwünschte Selbstbilder

Individuum sein möchte, im besten Fall aber auch tatsächlich sein kann. Im Gegensatz zu den Idealbildern beinhalten erwünschte Selbstbilder keine unerreichbaren Ziele, sie berücksichtigen unsere beschränkten Möglichkeiten. Dem Streben nach Erreichen des Ideal-Selbst sind damit »irdische« Grenzen gesetzt. Nichtsdestoweniger versuchen wir »to fly as high as we reasonably can«.[55]

Dieses allgemeine Modell, das auf einer Integration von Motiven basiert, erscheint uns sehr geeignet für die Analyse der Selbstdarstellung von Politikern. Wir wollen es daher auf den politischen Bereich übertragen. Gerade die Selbstdarstellung von Politikern findet nämlich im Spannungsfeld von *Glorifizierung* (ideale, vorteilhafte Eindrücke anstreben) und *Glaubwürdigkeit* (glaubhafte, plausible, überzeugende Eindrücke anstreben) statt. Politiker müssen sich oft entscheiden zwischen einer vorteilhaften Darstellung eigener Eigenschaften und Fähigkeiten und einer weniger attraktiven, dafür aber glaubwürdigeren Darstellung.

Das Anstreben glaubwürdiger Eindrücke

Zur Glaubwürdigkeit in der Politik gibt es viele Stellungnahmen von Politikern. Von dem ehemaligen Bundeskanzler Helmut Schmidt stammt die vielzitierte Äußerung:

> Demokratie ist nur möglich, wenn wir unseren Repräsentanten in Parlamenten und Regierung glauben können. Wir sind darauf angewiesen, ihnen zu glauben, daß sie die Wahrheit sagen – ihre subjektive Wahrheit natürlich – und daß sie ihren subjektiven Überzeugungen gemäß handeln. Sie dürfen dabei weder lügen noch täuschen. (Die Zeit, 26, 1987, S. 1)

An dieser moralisch sehr strengen Aussage fällt besonders der richtig gesehene Zusammenhang von Glaubwürdigkeit und Wahrhaftigkeit auf.[56] Glaubwürdigkeit wird nämlich dann besonders wichtig, wenn man als Rezipient den Wahrheitsgehalt einer Aussage oder Handlung gar nicht beurteilen kann. Genau dies ist fast immer der Fall, wenn wir die Selbstdarstellung von Politikern beurteilen. Wir sind auf subjektive Evidenzen, auf Plausibilitätserwägungen angewiesen. Nur außerordentlich selten ist es uns möglich, die Selbstdarstellung eines Politikers auf Diskrepanzen zu seinen Handlungen hin zu begutachten. Beispiele für solche seltenen Gelegenheiten sind die Barschel- und auch die Engholm-Affäre. Ansonsten ist es nicht von der Hand zu weisen, daß die Kategorien von Wahrheit und Unwahrheit im Medienzeitalter irrelevant geworden sind: »Wahrheit hat der Glaubwürdigkeit weichen müssen.«[57]

Gestützt auf die Ergebnisse der Selbstdarstellungsforschung läßt sich eine Liste von Prinzipien aufstellen, die beim Vermitteln glaubhafter Eindrücke berücksichtigt werden müssen:[58]

1-6 verstehen

1. Der Darsteller muß Mitteilungen, in denen sich verbale und nichtverbale Komponenten widersprechen, vermeiden. So darf er nicht mit Worten Zuneigung ausdrücken, sich gleichzeitig aber körperlich abwenden.[59] Es ist also *Kongruenz* im Auftreten erforderlich.

2. Selbstdarstellung darf keinesfalls als *bewußter* Akt der Eindruckslenkung wirken, da dies von den Zuschauern leicht als Manipulationsversuch gewertet wird: »Man sollte nie den Eindruck erwecken, daß man versucht, einen bestimmten Eindruck zu erwecken.«[60] Wenn jemand wie zufällig seine Leistungen erwähnt, beeindruckt dies mehr, als wenn er nur auf eine passende Gelegenheit zu warten scheint, um seine Stärken unverhohlen zum Ausdruck zu bringen. Wenn ZuschauerInnen argwöhnen, daß jemand einen bestimmten Eindruck gezielt vermitteln will, werden sie an der Glaubwürdigkeit dieses Eindrucks zweifeln.

Begnadet ist der Darsteller, der den Eindruck vermitteln kann, es ginge ihm überhaupt nicht darum, beim Publikum anzukommen. In einem Nachruf auf den früheren österreichischen Kanzler heißt es:

> So lustvoll Kreisky regierte, so ausschweifend er plaudern und extemporieren konnte, so unwillig er schließlich abtrat, nie vermittelte er den Eindruck, vor allem gut ankommen zu wollen. Das macht ihm so schnell kein Berufspolitiker nach. (Der Spiegel, 32, 1990, S. 130)

Als Negativbeispiel mag dagegen ein Fernsehauftritt des früheren US-Präsidenten Ford dienen. Ford war deutlich bemüht, sich arbeitsam, intelligent und energisch zu geben. Er erzielte diese Wirkung aber gerade deshalb nicht, weil die Zuschauer sein angestrengtes Spiel durchschauten:

> Der Journalist Joseph Kraft schreibt: »Am Montag abend war Präsident Ford mit zwei Mitarbeitern, die Akten

übergaben, im Fernsehen zu sehen: das perfekte Bild des arbeitsamen Präsidenten. Um Tatkraft und Energie auszudrücken, gestikulierte er heftig und schritt im Zimmer auf und ab. Diese Szene wurde in der Bibliothek des Weißen Hauses aufgenommen, der ideale Platz, um die Unterstellung zu widerlegen, daß Präsident Ford nicht sehr intelligent sei.« Unglücklicherweise war dieser Auftritt nicht sehr erfolgreich: Die Szene wirkte gestellt, und Kritiker argumentierten, daß Defizite im verbalen Ausdruck den positiven nonverbal vermittelten Eindruck zunichte gemacht haben.[61]

Auch die Modifikation der äußeren Erscheinung fällt in den Bereich der Selbstdarstellung, was von Kandidaten allerdings häufig nicht gerne öffentlich gemacht wird. So betont Kohl, der seine Brille gewechselt hatte, daß der Erwerb der neuen Brille keinesfalls auf einem »Public Relations«-Ratschlag beruhe: »Die andere Brille hat mir nicht mehr gepaßt. Ich habe diese Brille genommen, weil ich mit der besser auskam, aber das war kein PR-Rat.«[62] Während Wahlkampfberatung und »Selbstdarstellungsberatung« einerseits essentielle und bedeutsame Elemente moderner Wahlkämpfe zu sein scheinen, sind sie andererseits tabuisiert, da sie auch als Manipulation und Wählertäuschung gedeutet werden können: Der Wähler möchte einem »echten« Politiker sein Vertrauen schenken und nicht einem, der sich strategisch darstellt.[63]

3. Es ist erfolgversprechender, ein öffentliches Selbstbild anzubieten, das neben *positiven* auch *negative* Aspekte umfaßt, als ein rein positives Bild. Wenn jemand zugibt, auch gewisse Fehler zu haben, wird der Darstellung bestimmter persönlicher Vorzüge eher Glauben geschenkt. Erfolgreiche Selbstdarsteller vermeiden es daher, sich in grandioser

Weise zu präsentieren. Vielmehr setzen sie eine Mischstrategie ein: Sie treten positiv in Bereichen auf, die für die Publikumsbeeinflussung wichtig sind, und räumen Schwächen in Bereichen ein, die weniger zählen.[64] Um den Eindruck von Glaubhaftigkeit beim Publikum herzustellen, mag es manchmal erforderlich sein, neben den positiven auch negative Merkmale zu betonen, selbst wenn sie eigentlich unwichtig sind.

4. Es fördert nicht den Eindruck von Glaubwürdigkeit, wenn neben den eigentlich beabsichtigten Eindrücken noch andere unerwünschte Eindrücke entstehen. Schneider unterscheidet in diesem Sinne angestrebte *primäre* Eindrücke von unabsichtlich vermittelten *sekundären* Eindrücken.[65] Das Vermeiden unvorteilhafter sekundärer Eindrücke (z. B. nervös, berechnend usw.) ist wichtig für den Erfolg der Selbstdarstellung.

Gerade wenn Selbstdarstellung nicht authentisch ist, wenn sich jemand z. B. bemüht, ein Bild zu vermitteln, das nicht seinem aktuellen Befinden entspricht, besteht große Gefahr, daß durch unkontrolliertes nonverbales Verhalten sekundäre Eindrücke hervorgerufen werden. Die unvorteilhafte Wirkung solcher Eindrücke zeigte sich im US-Präsidentschaftswahlkampf 1984: In den Fernsehdebatten gegen Ronald Reagan wippte Walter Mondale häufig von einem Fuß auf den anderen. Dieses nonverbale Verhalten schwächte die Wirkung seiner verbal vermittelten Aussagen, weil die Zuschauer es als Unsicherheit interpretierten.[66]

5. Rein pragmatisch beurteilt, ist unter dem Gesichtspunkt effektiver Selbstdarstellung vor allem wichtig, *ehrlich zu wirken*: unabhängig davon, ob man ehrlich ist oder nicht. Nicht immer genügt es aber, einfach ehrlich zu sein, um

ehrlich zu wirken. DePaulo et al. zeigen in ihren Arbeiten, daß Hinweiszeichen, die von Beobachtern als Indikatoren für Täuschung verstanden werden, nicht identisch sind mit den Merkmalen, die bei unehrlicher Darstellung tatsächlich auftreten.[67] Personen, die lügen, werden also nicht unbedingt als unehrlich erlebt, solche, die die Wahrheit sagen, nicht notwendigerweise als aufrichtig.[68]

In einer Meta-Analyse verschiedener experimenteller Untersuchungen kommen DePaulo et al. zu dem Fazit, daß Beobachter meist von folgenden nonverbalen Signalen auf das Vorliegen von Täuschung schließen: zögerndes Sprechen, hohe Stimmlage, Versprecher, verzögertes Antworten, langsames Sprechen, Blickvermeidung, Lächeln und Haltungsveränderungen. Demgegenüber zeigen Personen, die tatsächlich lügen, folgende typische Verhaltensweisen: Sie äußern sich in negierender Form, reden verstärkt über Irrelevantes, sprechen distanzierter, zwinkern mehr, haben vergrößerte Pupillen, zeigen mehr »Verlegenheitsgesten« (kratzen sich z. B.), sprechen zögernder, antworten kürzer, sprechen in höherer Tonlage und versprechen sich häufiger. Unwahre Antworten wirken außerdem eher eingeübt als wahre und sind häufiger durch Diskrepanzen zwischen den über verschiedene Kommunikationskanäle vermittelten Informationen gekennzeichnet.[69]

Diesen Ergebnissen zufolge besteht die Gefahr, daß eine schüchterne Person, die zögernd und mit hoher Stimme antwortet, dabei unruhig im Sessel herumrutscht, lächelt und Blickkontakt vermeidet, im Alltag zu Unrecht der Lüge verdächtigt wird. Die tatsächliche Täuschung einer anderen Person, die sich wohldurchdacht, eloquent, weitschweifig und indirekt über eine Angelegenheit äußert, könnte dagegen eher unbemerkt bleiben. Eine Übereinstimmung zwischen empirisch belegten Merkmalen von Täuschung und den von BeobachterInnen typischerweise angenommenen Indikatoren besteht lediglich hinsichtlich zögernder Antworten, hoher Stimmlage und häufigen Versprechern.

DePaulo et al. betonen auch, daß Täuschung bei verschiedenen Darstellern unterschiedlich schwer als solche zu erkennen sei. Geübte Darsteller, die bei einem Thema nicht emotional involviert sind, zeigen weniger nonverbale Hinweise, die für Täuschung sprechen, als ungeübte Personen oder emotional stark beteiligte.[70]

6. Die Glaubwürdigkeit von Selbstdarstellung wird neben den bisher genannten Verhaltensmerkmalen außerdem durch den *äußeren Rahmen* und die *Inszenierung* eines Auftritts gefördert. So läßt sich z. B. die Glaubwürdigkeit eines Nachrichtensprechers aufnahmetechnisch beeinflussen. Nach Baggaley erscheinen Kommunikatoren glaubwürdiger und kompetenter, wenn sie frontal und nicht seitlich aufgenommen werden. Der direkte Blick in die Kamera wirkt sich dabei ebenso positiv aus wie ein zum Inhalt der Aussage passender Hintergrund. Schließlich üben positive oder negative Publikumsreaktionen (Klatschen, Pfeifen) entsprechende Wirkungen auf Beobachter aus.[71]

Atkinson beschreibt ein von Ronald Reagan genutztes Hilfsmittel für überzeugende Auftritte: die Projektion des Redetextes auf eine Plexiglasscheibe, die für das Publikum unsichtbar bleibt, so daß der Eindruck einer frei gesprochenen und doch flüssigen Rede entsteht.[72] Im Fernsehstudio ist es heute üblich, nach einem ähnlichen Prinzip einen Text schräg vor die Kameralinse zu projizieren, so daß ein Redner in die Kamera blicken und gleichzeitig seinen Text ablesen kann.

Das Anstreben von vorteilhaften Eindrücken

In diesem Abschnitt wollen wir das Anstreben vorteilhafter Eindrücke bei der Selbstdarstellung von Politikern veranschaulichen. Wir bedienen uns dabei grundlegender Klassifikationen des Selbstdarstellungsverhaltens. Tedeschi und Norman[73] unterscheiden zwischen assertiven und defensiven Strategien der Selbstdarstellung.[74] Mit *assertiven* Strategien werden vorteilhafte Eindrücke aufgebaut bzw. stabilisiert und erweitert. Bei der *defensiven* Selbstdarstellung geht es darum, bedrohte oder bereits beschädigte Selbstbilder zu verteidigen – zu retten, was noch zu retten ist. Auf eine weitere Unterteilung von Tedeschi und Norman – diejenige nach langfristigen und kurzfristigen Zielen der Selbstdarstellung – wollen wir an dieser Stelle nicht eingehen.

Assertive Selbstdarstellung

Eine vielzitierte Klassifikation assertiver Selbstdarstellung stammt von Edward E. Jones und Thane S. Pittman.[75] Als Hauptfunktion strategischer Selbstdarstellung sehen sie die Vergrößerung von Einfluß und Macht. Die Autoren unterscheiden fünf Klassen von Strategien, mit denen Darsteller versuchen, bei ihren Interaktionspartnern bestimmte Attributionen (Zuschreibungen) zu erzeugen. Die Attributionen entsprechen in unserer Terminologie den angestrebten Eindrücken. Ziel ist es, als sympathisch, kompetent, moralisch, gefährlich oder hilflos eingeschätzt zu werden. Die Interaktionspartner sollen demnach auf bestimmte Eigenschaften der Darsteller schließen. Um den jeweiligen Eindruck zu erreichen, bedienen sich die Darsteller charakteristischer Formen der Selbstdarstellung, von Jones und Pittman auch als prototypische Handlungen bezeichnet (vgl. Tab. 1.2).

Beispiele – ein paar wissen

Bezeichnung der Strategie	Angestrebte Attribution	Riskierte negative Attribution	Prototypisches Verhalten
sich beliebt machen (ingratiation)	sympathisch, liebenswert	kriecherisch, konformistisch, unterwürfig	Meinungskonformität, Lob, Schmeicheln, Gefallen tun
sich als kompetent darstellen (self-promotion)	kompetent, effektiv	eingebildet, angeberisch, betrügerisch	eigene Leistungen und Fähigkeiten herausstellen
sich als Vorbild darstellen (exemplification)	moralisch überlegen, wertvoll, vorbildlich, selbstaufopfernd	heuchlerisch, scheinheilig	Selbstverleugnung, Helfen
andere einschüchtern (intimidation)	gefährlich, stark	großmäulig, kraftlos	drohen, Ärger zeigen, Imponierverhalten
sich als hilfsbedürftig darstellen (supplication)	hilflos, glücklos, behindert	faul, fordernd, stigmatisiert	Selbstabwertung, Hilfegesuche

Tabelle 1.2 Eine Taxonomie von Strategien der Selbstdarstellung[76]

Sich beliebt machen: Der Eindruck von Sympathie läßt sich bei den »Zielpersonen« hervorrufen, in dem man ihnen schmeichelt, ihnen einen Gefallen tut, ähnliche Meinungen wie sie vertritt, Gemeinsamkeiten betont usw.:

> Wissen Sie, wenn Sie, Herr Appel, Sie sind doch, wie ich auch in diesem Feld, und Sie alle, wir sind doch alte Fuhrmänner.[77]

In diesem Beispiel zeigt sich der Politiker dem Journalisten – also dem direkten Adressaten der Mitteilung – gegenüber verbindlich. Gleichzeitig präsentiert er sich aber dem indirekten Adressaten, dem Fernsehpublikum, als freundlich und sympathisch.

Sich als kompetenz darstellen: Man strebt den Eindruck von Kompetenz an, indem man eigene Leistungen und Fähigkeiten herausstellt. Jones und Pittman sprechen von »Eigenwerbung« (self-promotion).

> Ich glaube, daß ich sehr schnell politische Situationen analysieren kann, und ich glaube, daß ich sehr früh erkenne, wie man auf sie reagieren muß.[78]

Sich als Vorbild darstellen: Bei dieser Strategie präsentiert sich der Politiker als integer, ehrlich, anständig, selbstlos usw. Als Vertreter eines ethischen Standpunkts stellte sich Johannes Rau im Bundestagswahlkampf 1986/87 dar:

> Ich will jedenfalls alles tun, damit ein Wahlkampf ein Wettbewerb um Entwürfe und um Ideen ist und nicht ein Kampf gegen Personen.[79]

Andere einschüchtern: Diese Strategie zielt darauf ab, als gefährlich, bedrohlich, mächtig oder stark zu erscheinen. Auf die Frage, ob es sich ein Mann, der FDP-Vorsitzender werden will, leisten kann, die eigene Klientel zu verärgern, antwortet Möllemann:

> Ich muß bestimmten Gruppen, die in einer für mich unakzeptablen Weise ihre egoistischen Partikularinteressen gegenüber dem Gemeinwohl zu stark betonen, gelegentlich auf den Fuß treten. (Der Spiegel, 3, 1992, S. 22)

Sich als hilfsbedürftig darstellen: Mit der Darstellung von Hilflosigkeit nutzt man seine eigene Schwäche und Hilflosigkeit aus. Ziel ist es, bei den Adressaten Mitleid zu erregen, so daß diese Hilfe gewähren. Da Politiker vor allem positive Persönlichkeitsbilder vermitteln möchten, wird diese Strategie eher vorsichtig und verhalten eingesetzt. Als Beispiel können die Aufrufe der Politiker kurz vor der

Einschüchterung

Wahl dienen, in denen sie eindringlich betonen, daß es nun auf jede Stimme ankomme.

Eine über Jones und Pittman hinausgehende Differenzierung hat Schütz vorgeschlagen. Neben den defensiven führt sie offensive Strategien auf, die sie von assertiven (im engeren Sinn) unterscheidet. Offensive Selbstdarstellung äußert sich z. B. in dominierendem, oft aggressiv getöntem Interaktionsverhalten oder in der Abwertung des politischen Gegners.[80]

Defensive Selbstdarstellung

Während es bei der assertiven Selbstdarstellung um die Vermittlung vorteilhafter Eindrücke geht, zielt defensive Selbstdarstellung auf die Verteidigung oder auf die Wiederherstellung positiver Selbstbilder ab. Wir orientieren uns an einer Einteilung von Schlenker und Weigold, die zwischen vier Formen unterscheiden: Verteidigung der Unschuld, Ausrede, Rechtfertigung und Entschuldigung.[81] Ähnliche Einteilungen finden sich bei anderen Autoren.[82] Weiter ausdifferenziert werden die Kategorien defensiver Selbstdarstellung in Kapitel 3.

Bei der *Verteidigung der Unschuld* (Leugnen) bestreitet der Betroffene, daß die ihm zur Last gelegten Ereignisse überhaupt stattgefunden haben.

> Ich bin nicht bestechlich, habe mich nie bestechen lassen. Jeder, der mich kennt, weiß das. (Max Streibl im Januar 1993 während der sogenannten »Amigo-Affäre«)

Mit *Ausreden* strebt man an, die Verbindung zwischen einem negativen Ereignis und der eigenen Person zu reduzieren. Der Handelnde versucht, die Verantwortung für sein negatives Verhalten zu verringern. Er schreibt die Verantwortung für das negative Ereignis weniger sich als den Umständen zu.[83] So erklärte Möllemann seine Unterschrift in der »Briefbogenaffäre« mit Arbeitsüberlastung:

> Möglicherweise war die äußerste Beanspruchung terminlicher und arbeitsmäßiger Art, der ich im Februar und März unterlag, ein Grund für eine nicht hinreichende Aufmerksamkeit. ... insgesamt 3645 Ministervorlagen ... 14 Tage im Ausland ... Insgesamt kam ich

nach Zusammenstellungen des Ministeriums ... an diesen Tagen ... auf 520 Arbeitsstunden, das sind an vielen Tagen 15–17 Stunden gewesen. (Rücktrittserklärung, Januar 1993)

Beim *Rechtfertigen* wird die Veranwortung für negative Ereignisse nicht geleugnet, vielmehr wird dem Publikum eine neue Interpretation, eine »plausible« Erklärung für das Ereignis angeboten. Man kann z. B. die Legitimät des eigenen Tuns betonen oder den Einsatz für höherrangige Ziele wie dem Wohl der Allgemeinheit verdeutlichen. Ein Beispiel stellt Irmgard Schwaetzers Antwort auf die Frage dar, warum sie in der Hauszeitschrift einer Immobilienfirma einen werbenden Text geschrieben habe:

> ... weil ich es für selbstverständlich erachte, daß ich jede Möglichkeit ergreife, um zu Investitionen in der Bundesrepublik zu ermuntern ... etwas anderes ist nicht beabsichtigt gewesen. (Januar 1993)

Bei *Entschuldigungen* gesteht man seine Schuld ein und bedauert sein Fehlverhalten. Björn Engholm sagte die Unwahrheit, als er dem Untersuchungsausschuß erzählte, er habe von den Machenschaften seines politischen Kontrahenten Barschel erst nach der Wahl erfahren. In seiner Rücktrittserklärung steht:

> Den Untersuchungsausschuß ... nicht unterrichtet zu haben, war ein Fehler, der mich bedrückt und für den ich das Parlament um Entschuldigung und die Öffentlichkeit um Verständnis bitte.[84]

Weitere Komponenten einer Entschuldigung können das Anerkennen der Berechtigung einer Strafe und das Versprechen zukünftigen Wohlverhaltens sein.

Kombinationen und Sequenzen von Strategien

Die beschriebenen Ziele und Formen assertiver und defensiver Selbstdarstellung kommen in Auftritten von Politikern meist in kombinierter Form vor: So kann massive Eigenwerbung, bei der der Politiker seine Sachkompetenz zum Ausdruck bringt, mit dem Ziel verbunden sein, sich beliebt zu machen. Sie kann – in einer anderen Situation – aber auch mit einer Einschüchterung des politischen Gegners kombiniert werden.

Rücktrittserklärungen bestehen oft aus einer kunstvollen Mischung verschiedener defensiver Strategien. Engholms Entschuldigung (siehe oben) wird flankiert von Äußerungen, mit denen er um Verständnis für die affektive Ausnahmesituation bittet, in der er sich befand. Außerdem betont Engholm, daß er nicht nur an sich, sondern auch an seine Partei gedacht habe:

> Ich war an jenem Abend in einer existentiellen Grenzsituation: Auf der einen Seite stand die Einsicht, daß ein lebenswertes Leben und damit der Schutz der Intimsphäre angesichts perverser Formen von Politik nicht möglich ist; auf der anderen Seite stand meine Partei, die dafür kämpfte, nach 38 Jahren erstmals die Mehrheit zu erringen, und deren Vertrauen ich nicht durch einen Rückzug enttäuschen durfte. Dazu mußte ich die Schmutzkampagne für mich verdrängen; ich habe sie vor der Wahl politisch nicht genutzt.[85]

Oft gehen die Strategien im zeitlichen Ablauf ineinander über oder bauen aufeinander auf: Der Politiker schmeichelt zunächst den Zuschauern, um sich beliebt zu machen. Vor dem nun richtig eingestimmten, »empfangsbereiten« Publikum kann er mit seinen Leistungen und Fähigkeiten brillieren, bevor er zum eigentlichen Höhenflug ansetzt:

der Demonstration seines vorbildlichen und beispielhaften persönlichen Einsatzes. Solche Sequenzen gibt es auch bei den defensiven Strategien: Wenn im Verlauf politischer Skandale immer mehr belastende Informationen bekannt werden, kann häufig eine stufenweise Intensivierung defensiver Strategien beobachtet werden.[86] Von solch einem Modell ausgehend hat Herles Stufen der Ablehnung von Verantwortung bei der deutschen Wiedervereinigung beschrieben.[87]

Assertive und defensive Strategien der Selbstdarstellung können auch ineinander übergehen. Mißlungene assertive Selbstdarstellung ruft defensive Selbstdarstellung auf den Plan. Umgekehrt kann erfolgreiche defensive Selbstdarstellung auch zu assertiven Gewinnen führen: Personen, die sich in glaubhafter Form entschuldigen, werden als sympathisch eingeschätzt.[88] Ebenso kann eine überzeugende Rechtfertigung am Ende sogar den Eindruck von Integrität hervorrufen. Dem Darsteller muß hier aber die schwierige Aufgabe gelingen, das von der Öffentlichkeit zunächst als skandalös eingestufte Verhalten so umzudeuten, das es als Dienst am Wohl der Allgemeinheit erscheint.

Assertive und defensive Strategien im Rahmen des Integrationsmodells

Effektive Selbstdarstellung setzt voraus, daß Selbstbilder vermittelt werden, die sowohl möglichst vorteilhaft als auch möglichst glaubhaft sind. Von diesem Grundpostulat des Integrationsmodells der Selbstdarstellung sind wir ausgegangen. Bei der Darstellung assertiver und defensiver Strategien war bisher aber nur die Rede vom Anstreben vorteilhafter Eindrücke. Wie kommt also die Glaubwürdigkeitskomponente ins Spiel?

Beginnen wir mit den assertiven Strategien. Ihr Einsatz ist immer mit dem Ziel verbunden, möglichst vorteilhafte Eindrücke hervorzurufen. Was läßt sich nun über die Regulation der Glaubwürdigkeit beim Einsatz assertiver Strategien sagen? Die Glaubwürdigkeitskomponente wird im Ansatz von Jones und Pittman nur implizit angesprochen – und zwar bei den »riskierten negativen Attributionen«: Die Autoren geben nämlich nicht nur den angestrebten Eindruck an, den der Selbstdarsteller idealerweise erreichen möchte, sie führen auch diejenigen Eindrücke auf, die der Selbstdarsteller riskiert, wenn er sich zu sehr glorifiziert, wenn seine Selbstdarstellung mißlingt, wenn er also unglaubwürdig wird (siehe Tab. 1.2). Für jeden angestrebten Eindruck gibt es ein negatives Gegenstück, das man als eine Art Aufforderung verstehen kann, ja auf die Plausibilität der Selbstdarstellung zu achten. Wenn sich z. B. jemand in einem bestimmten Bereich als kompetent anpreist, muß er damit rechnen, daß das Publikum die behauptete Expertenschaft besonders sorgfältig überprüft. Schneidet er dabei schlecht ab, wird er als Aufschneider, Angeber, schlimmstenfalls sogar als Betrüger angesehen. Selbst harmlose Schnitzer können drastische Auswirkungen haben. Scharping verwechselte in einer Diskussion einmal Brutto und Netto, was ihm monatelang vorgehalten wurde.

Grundsätzlich müssen die Politiker mit positiven Selbstcharakterisierungen äußerst vorsichtig umgehen. Sie schlagen im Urteil des Publikums leicht in Eigenlob und Selbstgefälligkeit um – selbst dann, wenn die Mehrheit der Bevölkerung dem bloßen Inhalt der Aussage vermutlich zustimmen würde. Wenn Rau sich als Kandidat für das Amt des Bundespräsidenten mit folgenden Worten empfiehlt, klingt das für viele nach Eigenlob: »Ich habe die Gabe, Menschen zusammenzuführen. – Was gebraucht wird, ist die Bindekraft, die ich entfalte.« (Der Spiegel, 20, 1994,

S. 20 ff.) Auch vor Feststellungen der »Bescheidenheit« – hier von Bundesfinanzminister Waigel – kann man nur warnen: »Ich als Bundesfinanzminister darf in aller Bescheidenheit feststellen, mir im Ausland Ansehen und Reputation erworben zu haben.« (Die Woche, 14, 1995, S. 6)

Die Strategien *defensiver* Selbstdarstellung ergeben sich ebenfalls als Kompromiß zwischen dem Anstreben glaubwürdiger und vorteilhafter Eindrücke. Allerdings bedeutet »vorteilhaft« hier in erster Linie das Verhindern ungünstiger Eindrücke oder wenn ungünstige Eindrücke schon hervorgerufen wurden, das Verhindern noch ungünstigerer Eindrücke. Das Problem der Glaubwürdigkeit stellt sich bei den defensiven Strategien in schärferer Form als bei den assertiven: Beim Publikum bestehen ja schon Zweifel an den positiven Selbstbildern, die nun durch defensives Verhalten ausgeräumt werden müssen. Es ist in der Regel schwieriger, solchen Zweifeln glaubhaft zu begegnen, als

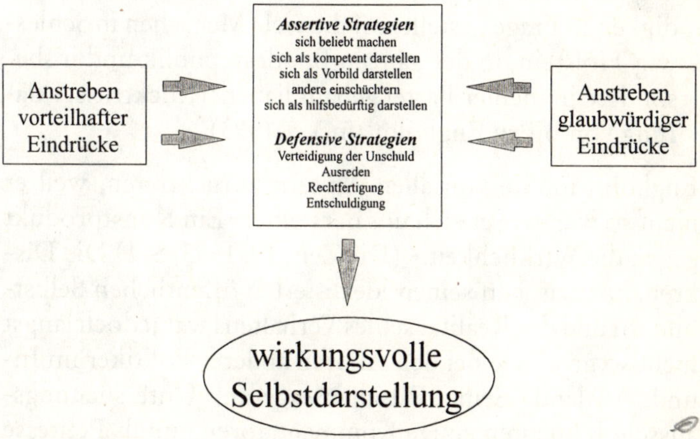

Motive und Strategien der Selbstdarstellung

positive Selbstbilder aufzubauen oder bereits vorhandene zu festigen und zu erweitern.

Als Zusammenfassung der bisherigen Ausführungen haben wir das Integrationsmodell der Selbstdarstellung mit den Strategien der assertiven und defensiven Selbstdarstellung kombiniert. Wir bringen damit zum Ausdruck, daß sich die verschiedenen assertiven und defensiven Strategien im Spannungsfeld zwischen dem Streben nach glaubwürdigen und vorteilhaften Eindrücken befinden.

Engholms Botschaft

In seiner Rücktrittserklärung entschuldigte sich Engholm dafür, daß er den Untersuchungsausschuß von dem Anwaltsgespräch nicht unterrichtet hatte, und fuhr dann fort:

> Wegen dieses Vorgangs ist meine politische Glaubwürdigkeit in Frage gestellt, auf die viele Menschen in Schleswig-Holstein, in der ganzen Bundesrepublik und insbesondere in meiner Partei gebaut haben. (Rücktrittserklärung von Björn Engholm am 3.5.1993)

Engholm mußte von allen Ämtern zurücktreten, weil er nicht so war, wie er sich uns darstellte: »Ein Kunstprodukt gegen die Wirklichkeit.« (Die Zeit, 19, 1993, S. 1) Die Diskrepanz zwischen seinen idealisierten öffentlichen Selbstbildern und der Realität seines Verhaltens war jedoch längst nicht so groß wie bei den Affären anderer Politiker im In- und Ausland. Seine Falschaussage im Untersuchungsausschuß buchten einige Kommentatoren nur als Petitesse ab. Ein anderer hätte die Affäre sicherlich durchgestanden.

Engel a.D.

Nicht jedoch Engholm: »Dafür ist die Glaubwürdigkeitslatte zu hoch angesetzt und zu tief internalisiert.«[89] Er mußte gehen, weil er sich jahrelang als Anwalt einer glaubwürdigeren, ehrlicheren Politik stilisiert hatte. Es war nur konsequent, daß er jetzt genau den strengen moralischen Maßstab an sich anlegte, den er selbst immer wieder propagiert hatte: Er bekannte sich zu seinem politischen Vergehen und trat zurück.

Was bleibt außer Melancholie über die Entzauberung eines Hoffnungsträgers, über den Fall eines Politikers, der einen neuen politischen Stil einführen wollte und doch Selbst- und Fremdglorifizierungen nicht vermeiden konnte? Seine Botschaft bleibt – als kleiner Hoffnungsschimmer: Im SPD-Präsidium verabschiedet sich Engholm mit der Bemerkung, künftig solle sich möglichst keiner auf ein zu hohes moralisches Podest stellen oder befördern lassen, von dem er dann nur leicht herunterzustoßen sei. (Die Zeit, 19, 1993, S. 3)

1 Wir bedanken uns bei Karola Haupt, Heidi Maier, Jörg Pscherer, Karl-Heinz Renner und Astrid Wengenmayr für die wertvollen Anregungen, die sich aus ihrer Durchsicht des Manuskripts ergaben. Unser Dank gilt auch Susanne Kade und Maud Hobohm, die uns bei der Vorbereitung der schriftlichen Fassung geholfen haben. Besonders hervorheben möchten wir die Mithilfe von Franz Machilek, der mit viel Spürsinn Literatur über Politiker beschaffen konnte. Elfi Jemiller, von der vor allem das Typoskript und die graphischen Abbildungen stammen, verdankt das Buch weit mehr, als hier mit wenigen Worten gesagt werden kann.

2 Vgl. Rainer Buchardt/Werner Knobbe, Björn Engholm. Die Geschichte einer gescheiterten Hoffnung. Stuttgart 1993. Diese Biographie erschien nach dem Ende seiner Karriere.

3 Astrid Schütz, Selbstdarstellung von Politikern. Analyse von Wahlkampfauftritten. Weinheim 1992

4 Werner Wolf, Wahlkampf und Demokratie. Köln 1985

5 Thomas Kliche, Die Entsorgung staatsbürgerlichen Ekels. Über Stand und Ergebnisse der Skandalforschung. In: Helmut Moser (Hrsg.), L'Eclat c'est moi. Weinheim 1989

6 Hazel Markus/Paula Nurius, Possible selves. In: American Psychologist 41 (1986), S. 954–969.

7 Wolfram Bickerich/Jürgen Leinemann/Hans Leyendecker, Bruder Johannes. Herausforderer Rau. Spiegel-Buch. Berlin 1986, S. 109.

8 Edward E. Jones/Thane S. Pittman, Toward a general theory of strategic self-presentation. In: Jerry Suls (Ed.), Psychological perspectives of the self. Hillsdale 1982, S. 253.

9 Richard Müller-Freienfels, Geheimnisse der Seele. München 1927

10 Roland Conrady, Die Motivation zur Selbstdarstellung und ihre Relevanz für das Konsumentenverhalten. Eine theoretische und empirische Analyse. Frankfurt/M. 1990

11 Ebenda.

12 Roy F. Baumeister, A self-presentational view of social phenomena. In: Psychological Bulletin 19 (1982), S. 3–26.

13 Vgl. Dagmar Stahlberg/Gabriele Osnabrügge/Dieter Frey, Die Theorie des Selbstwertschutzes und der Selbstwerterhöhung. In: Dieter Frey/Martin Irle, Theorien zur Sozialpsychologie, Bd. III. Motivations- und Informationsverarbeitungstheorien. Bern 1985

14 Barry R. Schlenker/Michael F. Weigold, Interpersonal processes involving impression regulation and management. In: Annual Review of Psychology 43 (1992), S. 133–168.

15 Karen Horney, Neurose und menschliches Wachstum. Das Ringen um Selbstverwirklichung. Frankfurt/M. 1991
16 Ebenda, S. 82.
17 Vgl. Mark R. Leary/Robin M. Kowalski, Impression management: A literature review and two-component model. In: Psychological Bulletin 107 (1990), S. 34–47.
18 Albert Spitznagel/Lothar Schmidt-Atzert, Sprechen und Schweigen. Zur Psychologie der Selbstenthüllung. Bern 1986
19 Reinhard Tausch/Anne-Marie Tausch, Wege zu uns und anderen. Hamburg 1990
20 Carl R. Rogers, Ansichten eines Psychologen über den Atomkrieg: Seine Gefahren, seine mögliche Verhinderung. In: GWG-Info 47 (1982), S. 5–16.
21 Sigrun-Heide Filipp/Dieter Frey, Das Selbst. In: Klaus Immelmann/Klaus R. Scherer/Christian Vogel/Peter Schmoock (Hrsg.), Psychobiologie – Grundlagen des Verhaltens. München 1988, S. 415–454.
22 Robert M. Arkin/Ann H. Baumgardner, Self-presentation and self-evaluation: Process of self-control and social control. In: Roy F. Baumeister, Public and private self. New York 1986, S. 75–98; Lothar Laux/Hannelore Weber, Emotionsbewältigung und Selbstdarstellung. Stuttgart 1993
23 ›Boulevard Bio‹, ARD, 1992.
24 Klaus Bölling, Die letzten 30 Tage des Kanzlers Helmut Schmidt. Ein Tagebuch. Spiegel-Buch. Berlin 1982, S. 65.
25 Siehe Anm. 9.
26 Joe McGinniss, The selling of the president 1968. New York 1969
27 Harald D. Lasswell, Psychology and Politics. Chicago 1930
28 Machiavelli, Niccolo, Vom Fürsten. In: Hanns Floerke (Hrsg.), Machiavelli. Gesammelte Schriften, übers. von J. Ziegler & F. Nicolaus. München ca. 1512, 18. Kapitel, S. 71.
29 Ebenda, S. 71 f.
30 Lothar Schmidt, Aphorismen. Das Handbuch der geflügelten Definitionen. Wiesbaden 1985
31 Shell-Jugendstudie, Jugendwerk der Deutschen Shell: Jugend '92. Opladen 1992, S. 221.
32 Siehe Anm. 26.
33 Jacques Seguela, Hollywood wäscht weißer. Landsberg/Lech 1983, S. 20.
34 S.G. Shadegg, How to win an election. New York 1964, S. 39.
35 Frederic Papert, Good Candidates make advertising experts. In: Roy Hiebert/R. Jones, E. Lotito & J. Lorenz (Eds.), The political image merchants: strategies of the New Politics. Washington 1971, S. 97.
36 Reinhard Tausch/Anne-Marie Tausch, Gesprächspsychotherapie, 5. Aufl. Göttingen 1983
37 Ebenda, S. 258.
38 Siehe Anm. 19, S. 277–278.
39 Ebenda, S. 259.
40 Siehe Anm. 20.
41 Siehe Anm. 19.
42 Günter Zurhorst, Wie »echt« können wir leben? In: Psychologie heute 8 (1983), S. 22.

43 Richard Sennett, Verfall und Ende des öffentlichen Lebens. Die Tyrannei der Intimität. Frankfurt/M. 1983
44 John L. Sullivan/John H. Aldrich/Eugene Borgida/Wendy Rahn, Candidate Appraisal and Human Nature: Man and Superman in the 1984 Election. In: Political Psychology 11 (3) (1990), S. 459–484.
45 Deutsch: Daniel J. Boorstin, Das Image. Der amerikanische Traum. Hamburg 1967
46 Daniel J. Boorstin nach Joe McGinniss, The selling of the president 1968. New York 1969, S. 20.
47 Raphael Diepgen, Psychologie in der Politikberatung. Frankfurt/M. 1988
48 Ebenda, S. 147.
49 Siehe Anm. 47.
50 Siehe Anm. 14.
51 Günter K. Köhnken, Glaubwürdigkeit. Untersuchungen zu einem psychologischen Konstrukt. München 1990
52 Hans J. Heringer, »Ich gebe Ihnen mein Ehrenwort«. Politik, Sprache, Moral. München 1990, S. 180.
53 Siehe Anm. 14.
54 Ebenda.
55 Barry R. Schlenker, Identity and self-identification. In: Barry R. Schlenker (Ed.), The self and social life. New York 1985, S. 74.
56 Siehe Anm. 51.
57 Christopher Lasch, Das Zeitalter des Narzißmus. München 1980, S. 103.
58 Astrid Schütz, Die Wirkung unterschiedlicher Strategien der Selbstdarstellung. Jugendliche beurteilen die Wahlkampfauftritte von Spitzenpolitikern. In: Publizistik 39 (1994), S. 289–306.
59 Bella M. DePaulo/Julie I. Stone/Daniel Lassiter, Deceiving and detecting deceit. In: Barry R. Schlenker (Ed.), The self in social life. New York 1985
60 Barry R. Schlenker, Impression management: The self concept, social identity and interpersonal relations. Monterey 1980
61 Ebenda, S. 243.
62 ›Was nun, Herr Kohl?‹, ZDF, 16. 10. 1986.
63 Siehe Anm. 46.
64 Siehe Anm. 59.
65 David J. Schneider, Tactical self-presentation: Toward a broader conception. In: James Tedeschi (Ed.), Impression management theory and social psychology research. New York 1981, S. 23–41.
66 Astrid Schütz, Versuch der Anwendung des Selbstdarstellungsansatzes auf den US-Präsidentschaftswahlkampf 1984: Theoretische und empirische Analysen. Universität Bamberg: Unveröffentlichte Diplomarbeit 1986
67 Siehe Anm. 59.
68 Vgl. auch Anm. 51.
69 Siehe Anm. 59.
70 Ebenda.
71 John Baggaley, The psychology of the TV-image. Westmead 1980
72 John M. Atkinson, Our master's voices. The language and body language of politics. London 1984

73 James T. Tedeschi/Nancy Norman, Social power, self-presentation and the self. In: Schlenker, Barry R. (Ed.), The self and social life. New York 1985, S. 293–323.
74 Hans D. Mummendey, Psychologie der Selbstdarstellung. Göttingen 1990
75 Siehe Anm. 8.
76 Adaptiert nach Edward E. Jones und Thane S. Pittman, siehe Anm. 8.
77 ›Journalisten fragen ...‹ mit Helmut Kohl, ZDF, 13. 2. 1986.
78 ›Was nun, Herr Rau?‹, ZDF, 13. 11. 1986.
79 ›Journalisten fragen ...‹, ZDF, 10. 4. 1986.
80 Astrid Schütz, Politik oder Selbstdarstellung? Beispiele von Politikerauftritten. In: Michael Jäckel/Peter Winterhoff-Spurk, Politik und Medien: Analysen zur Entwicklung der politischen Kommunikation. Berlin 1994
81 Siehe Anm. 14.
82 z. B. Peter Schönbach, Account episodes. Cambridge 1985; siehe auch Anm. 72.
83 Charles R. Snyder/Raymond L. Higgins/Rita J. Stucky, Ausreden. Was unsere großen und kleinen Lügen wirklich bedeuten. Landsberg/Lech 1986
84 Siehe Anm. 2.
85 Ebenda, S. 380.
86 Vgl. Anm. 3 sowie das in Kapitel 3 dargestellte Stufenmodell.
87 Wolfgang Herles, Das Saumagen-Syndrom. Die Deutschen und ihre Politik. München 1994
88 Siehe Anm. 14.
89 Siehe Anm. 2.

2. Regieanweisungen für die Selbstdarstellung: Amerikanische Präsidentschaftswahlkämpfe

Von Astrid Schütz

Reagan sollte ermutigt werden, die Debatte wie im Flug zu nehmen – mit seiner sehr effektiven, gelösten und zuversichtlichen Art; vor allem sollte er sich keine Gedanken über jeden einzelnen inhaltlichen Aspekt der Debatte machen. … Er sollte Mondale fast behutsam behandeln, eher mitleidig als ärgerlich. … Dann wird Mondale gehetzt und sogar respektlos gegenüber Reagan erscheinen. Reagan wird dagegen als zuversichtliche Führungspersönlichkeit wirken, als jemand, der die Sache im Griff hat.[1,2]

Wahlkampfauftritte und Wahlkampfberater

Die Rolle von Wahlkampfberatern

Die Spitzenkandidaten stehen besonders während des Wahlkampfes im Blickpunkt der öffentlichen Aufmerksamkeit. Sie exponieren sich und werben um Sympathien. Leicht wird dabei übersehen, daß Auftritte von Spitzenpolitikern im allgemeinen durch einen Stab von Beratern intensiv vorbereitet und evaluiert werden. Sie prüfen Mimik und Gestik oft bis ins Detail auf ihre Wirkung hin und machen Verbesserungsvorschläge. Häufig werden Spezialisten engagiert, die helfen sollen, das Auftrittsverhalten von Spitzenkandidaten zu optimieren.

Als Experte der Selbstdarstellung in der Politik gilt Ronald Reagan, der auch der »große Kommunikator« genannt wird. Ihm gelang es in hervorragender Weise trotz fachlicher Schwächen durch die Art seiner Selbstdarstellung breite Sympathien zu gewinnen. Möglicherweise half ihm seine Erfahrung als Schauspieler, einerseits seinen Worten emotionale Tönung zu verleihen und väterlich-mitfühlend aufzutreten, andererseits als starke Führungsfigur zu wirken, die glaubwürdig versicherte, das Land in einen Aufschwung zu führen. Seiner Fähigkeit, trotz verschiedenster Peinlichkeiten oder Skandale ein hohes Ansehen in der Bevölkerung zu bewahren, verdankt er auch den Spitznamen »Teflon-Präsident«, an dem »nichts kleben bleibt«. Dabei wurde seine Politik durchaus kritisch gesehen. Die Mehrheit der Befragten meinte in einer Studie der ›Washington Post‹ im Juli 1988, daß Reagan zwar die Beziehungen zur Sowjetunion verbessert und die Gefahr eines Atomkrieges verringert habe, daß er aber als »Präsident der Reichen« unfair gegenüber den Armen gewesen sei und daß er das enorme Haushaltsdefizit verschuldet habe (vgl. Frankfurter Rundschau, 5.7.1988, S. 1). Dennoch war Reagan am Ende seiner Amtszeit so beliebt wie zu Beginn. Die Menschen konnten sich mit dem Politiker identifizieren, der wie ein gütiger Onkel wirkte und mit einfachen Bildern und Worten so gut ihre Wünsche und Gefühle ansprach. Zu dieser Beliebtheit verhalfen ihm wahrscheinlich auch geschickte Inszenierungen wie seine letzte Pressekonferenz im Dezember 1988 unter prächtig geschmückten Christbäumen (vgl. Frankfurter Rundschau, 10.12.1988, S. 2) oder pathetische Auftritte wie seine Abschiedsrede im Januar 1989, in der Reagan mit gerührter Stimme sagte, es sei sein persönliches Ziel gewesen, eine Nation zu verändern, nun stelle er aber fest, daß er die ganze Welt verändert habe.

Im vorliegenden Kapitel soll die Selbstdarstellung in den

letzten Wahlkämpfen der USA analysiert werden. Anhand einer exemplarischen Analyse von Strategiepapieren aus dem Wahlkampf Reagan – Mondale wird verdeutlicht, wie in Wahlkampfauftritten gezielt bestimmte Eindrücke angestrebt werden. Die Briefe der Wahlkampfberater illustrieren, wie *potentielle öffentliche Selbstbilder* ausgewählt und Vorschläge zu ihrer Umsetzung entwickelt werden. Mit Ronald Reagan kann ein Paradefall effektiver Selbstdarstellung analysiert werden. Zusätzlich läßt sich an seinem Beispiel aufzeigen, wie sich erfolgreiche Selbstdarstellung im Spannungsfeld zwischen Erwartungen der Bevölkerung und Persönlichkeit des Kandidaten bewegen muß. Die Selbstdarstellung der Kandidaten in den folgenden Wahlkämpfen wird dann kontrastierend skizziert.

Die Bedeutung von Fernsehdebatten im Wahlkampf

In den USA stellen die Fernsehdebatten zwischen den Präsidentschaftsbewerbern einen Höhepunkt des Wahlkampfes dar. Sie sind außerdem die Bühne, auf der die Selbstdarstellung der Kandidaten besonders gefragt ist. Im Gegensatz zu vorbereiteten Reden sind die Politiker hier gefordert, auch auf nicht vorhergesehene Fragen oder Angriffe durch den Gegner prompt zu reagieren. Die meisten der in diesem Kapitel ausgewerteten Ratschläge der Wahlkampfberater beziehen sich daher auf diese Fernsehdebatten.

Die Auswirkung von Fernsehdebatten auf das Wahlergebnis wird allerdings unterschiedlich eingeschätzt. Während Politiker und ihre Berater die Debatten sehr ernst nehmen, ist sich die politologische und kommunikationswissenschaftliche Fachliteratur uneinig, wie stark Fernsehdebatten tatsächlich das Wahlergebnis beeinflussen. Die

Mehrheit der WählerInnen ist aufgrund von stabilen Parteibindungen schon frühzeitig festgelegt, doch entscheiden sich andere erst während des Wahlkampfes. Diese unentschiedenen WählerInnen sind die eigentliche Zielgruppe im Wahlkampf, ihre Stimmen sind oft ausschlaggebend. Gerade bei unentschiedenen Personen kann das Wahlverhalten durch tagespolitische Ereignisse und Auftritte der Spitzenkandidaten in Fernsehdebatten beeinflußt werden. Und wenn es sich um ein knappes Rennen zwischen zwei Kandidaten handelt, können geringe Sympathieveränderungen das Ergebnis entscheidend beeinflussen.[3] Verstärkt wird die Bedeutung der Debatten in letzter Zeit durch die Tendenz zur *Personalisierung* des Wahlkampfes. In einer Zeit immer komplexer werdender Sachprobleme nimmt die Personenorientierung beim Wahlverhalten zu. Immer mehr WählerInnen geben an, sich bei ihrer Entscheidung vor allem an der Person des Kandidaten, weniger an programmatisch-inhaltlichen Aspekten zu orientieren.[4] Für die positive Wirkung eines Kandidaten beim Fernsehpublikum hat daher der Stil seines Auftretens größere Bedeutung als seine inhaltlichen Aussagen. Als Paradebeispiel gilt Richard Nixon, der in den berühmten »Great Debates« gegen John F. Kennedy erschöpft und übernächtigt wirkte – ein wichtiger Grund für die ungünstige Beurteilung durch viele ZuschauerInnen.[5] Nixon selbst betonte später als Wahlkampfberater Reagans, wie wichtig der Stil des Auftretens gegenüber dem Inhalt der Aussagen sei. Er prognostizierte, daß Reagan selbst bei inhaltlichem Versagen durch die Form seines Auftretens entscheidende Sympathien gewinnen könne.[6]

Die Auswirkung der Debatten auf späteres Wahlverhalten wurde anhand des Wahlkampfes Carter – Reagan, 1980, untersucht.[7] Es zeigte sich, daß die Beurteilung der Kandidaten in der Fernsehdebatte mit der Wahlabsicht der betreffenden ZuschauerInnen in Zusammenhang stand. Besonders bei Reagan wirkte sich ein positiver Eindruck günstig auf die Wahlabsicht aus. Reagan war damals als Herausforderer des amtierenden Präsidenten noch relativ unbekannt und konnte die Debatte nutzen, um Sympathien zu gewinnen. Dagegen bestand bei Carter kein Zusammenhang zwischen der Beurteilung seines Auftretens in der Debatte und der Wahlabsicht der betreffenden ZuschauerInnen. Dies deutet darauf hin, daß Fernsehdebatten vor allem eine Chance für den »Herausforderer« sind. Der bereits amtierende Kandidat besitzt in der Öffentlichkeit oft bereits ein relativ stabiles Image, so daß die Debatten sich weniger stark auswirken.

Auch in der Bundesrepublik zeigte eine Studie, daß das Auftreten eines Kandidaten in Fernsehdiskussionen große Bedeutung für sein Abschneiden bei der Wahl hat.[8] Viele ZuschauerInnen verändern nach Diskussionsrunden politischer Spitzenkandidaten im Fernsehen ihre Einstellung gegenüber den Kandidaten. Besonders stark ist die einstellungsverändernde Wirkung der Diskussionsrunden bei der Beurteilung von Kanzler und Herausforderer, weniger stark bei den Vertretern der kleineren Parteien. Wichtig ist vor allem, ob ein Kandidat als »Sieger« oder »Verlierer« einer Debatte gesehen wurde. Im Gegensatz zur Annahme eines durchgängigen »Kanzlerbonus« wurde in dieser Studie über die Bundestagswahlen 1972 bis 1983 festgestellt, daß die Effekte für den jeweiligen Kanzler je nach vorherigem Meinungsbild und Selbstdarstellung in der Diskussion mal positiv, mal negativ waren. Dagegen bestand ein »Herausforderereffekt« darin, daß der Herausforderer bei den Fernsehzuschauern *immer Sympathien verlor*.

Der Unterschied zwischen Deutschland und den USA kann damit zusammenhängen, daß es sich in den USA meist um relativ unbekannte Kandidaten handelt, für die

die Debatten eine Chance sind, populär zu werden. In der Bundesrepublik sind die Oppositionskandidaten dagegen meist gut bekannt. Sie können ihren Bekanntheitsgrad durch die Fernsehdiskussion kaum erhöhen. Unvorteilhaft für Herausforderer wirkt dagegen oft der aggressiv-negative Stil, mit dem sie sich bemühen, einen etwaigen Bonus des amtierenden Kanzlers zu reduzieren und ein negatives Bild von ihm zu zeichnen.

Der Wahlkampf Reagan – Mondale 1984

Hintergründe: politische und gesellschaftliche Bedingungen 1984 und die Ausgangssituation der Kandidaten

Da das Auftreten der Kandidaten jeweils aus der aktuellen politischen und gesellschaftlichen Situation heraus verstanden werden muß, soll die Situation in den USA im Jahre 1984 – soweit sie wahlkampfrelevant ist – kurz skizziert werden. Im US-Präsidentschaftswahlkampf 1984 standen sich zwei ungleiche Gegner gegenüber. Ronald Reagan war 73jährig als amtierender Präsident unangefochtener Vertreter der Republikaner. Dagegen hatte Walter Mondale in einem harten Kampf um die Nominierung gegen Gary Hart Federn lassen müssen. Aus diesem Kampf war er aber auch mit dem positiven öffentlichen Selbstbild des »Fighting Fritz« hervorgegangen: Er hatte bewiesen, daß er kämpfen konnte. Ein negativer Eindruck haftete ihm jedoch durch seine Vizepräsidentschaft unter Jimmy Carter an, der mittlerweile in der breiten Öffentlichkeit der USA ein relativ schlechtes Ansehen besaß. Außerdem hatte sich Mondale durch die spektakuläre Wahl einer Frau (Geraldine Ferraro) als potentielle Vizepräsidentin einige Freunde und viele Feinde geschaffen.[9]

Reagan hatte vier Jahre Amtszeit hinter sich, in denen er die Einkommensteuer drastisch reduziert und einschneidende Kürzungen im Sozialbereich durchgesetzt hatte. Das Haushaltsdefizit war in seiner Amtszeit auf fast 200 Milliarden Dollar angewachsen, dafür war die Inflationsrate enorm gedrückt worden. Die damalige Atmosphäre wurde oft als eine Art Aufschwungsstimmung bezeichnet. Durch die niedrige Inflationsrate war es vielen Bürgern möglich, Güter zu erwerben, die sie sich vorher nicht leisten konnten. Dieser Aufschwung für einen Teil der Bevölkerung wurde allerdings auf Kosten anderer Gruppen, vor allem der Ärmsten, erreicht.[10] Dagegen wird die Stimmung im sozialen oder kulturellen Bereich eher mit Orientierungslosigkeit beschrieben, die sich aus dem Zerfall traditioneller Werte und schnellem wirtschaftlich-sozialem Wandel entwickelt hatte. Diese Stimmung hatte zu einem verstärkten Bedürfnis nach klaren moralischen Richtlinien geführt.[11]

Die Situation 1984 darf insofern als ungewöhnlich bezeichnet werden, als von Anfang an ein extrem starker Popularitätsunterschied zwischen den Kandidaten bestand. Auch im Verlauf des Wahlkampfes änderte sich das Stimmungsbild nur unwesentlich. Dem Wahlkampf wurde daher von vielen Beobachtern geringe Bedeutung beigemessen, ein Erfolg Reagans bei der Wahl galt als sicher. Unklar schien nur, mit welchem Abstand. Reagans Aufgabe bestand insofern nicht unbedingt darin, positive öffentliche Eindrücke aufzubauen, sondern eher darin, bestehende Eindrücke aufrechtzuhalten bzw. zu verteidigen. Zu Beginn des Wahlkampfes konnte Reagan zunächst einen leichten Popularitätsgewinn verzeichnen. Zwar mußte er

One-Man-Show

nach der ersten Debatte eine leichte Einbuße hinnehmen, doch wurde diese nach der zweiten Debatte mehr als kompensiert.[12] »Das Fernsehen bot eine Bühne für ein Drama, dessen Ausgang sich schon abzeichnete. ... Die Debatten bewirkten weniger, daß die Menschen ihre Meinung änderten, als daß sie diese bestätigten.« (New York Times, 11. 11. 1984, S. 30)

Reagan war im Wahlkampf 1984 für die Presse kaum erreichbar, sein öffentliches Bild wurde von Medienberatern sorgfältig kontrolliert. Insofern waren die Fernsehdebatten eine der wenigen Gelegenheiten, bei denen sich die Bevölkerung aus erster Hand einen aktuellen Eindruck vom Kandidaten machen konnte. Weil die Fernsehdebatten in den USA im allgemeinen eher dem Herausforderer als dem erneut kandidierenden Kandidaten dienen, stellten die Debatten 1984 für *Mondale eine Chance, für Reagan eine Gefahr* dar.[13] Aus diesem Grunde hätte Reagans Beraterstab am liebsten keine Debatten angesetzt. Eine Weigerung, teilzunehmen, wäre in der Öffentlichkeit allerdings negativ gedeutet worden. Der Beraterstab entschloß sich daher, zwei Debatten anzusetzen, um so etwaige ungünstige Eindrücke des ersten Auftritts durch einen zweiten ausgleichen zu können.[14]

Ratschläge der Berater für die Selbstdarstellung

Eine interessante »Innenperspektive« des Wahlkampfes vermitteln Strategiepapiere von Wahlkampfberatern. Für den Wahlkampf Reagan – Mondale haben die Journalisten Peter Goldman und Tony Fuller Memoranden und Briefe der jeweiligen Wahlkampfberater an die Kandidaten zusammengestellt.[15] Auf der Basis dieser Unterlagen möchte ich im vorliegenden Kapitel analysieren, welche Art der Selbstdarstellung die Berater Reagan und Mondale vorschlugen und wie sich die Konzepte über die Zeit änderten. In den Dokumenten der Berater werden neben inhaltlich-politischen Zielen vor allem die Ziele der Selbstdarstellung der Kandidaten formuliert – wie diese sich optimalerweise darstellen sollten, um im Vergleich mit dem Konkurrenten gut abzuschneiden. Die Umsetzung dieser Vorschläge oblag den Politikern und war vor allem von ihren Fähigkeiten zur effektiven Selbstdarstellung abhängig.

Für einen bundesrepublikanischen Wahlkampf war es

mir nicht gelungen, ähnliche Unterlagen zu beschaffen. Es mag sein, daß hierzulande weniger derartige Papiere vorhanden sind bzw. daß sie weniger leicht der Öffentlichkeit zugänglich gemacht werden. Möglicherweise soll die Illusion der Spontaneität von Wahlkampfauftritten nicht zerstört, ihr Inszenierungscharakter nicht deutlich werden – Tatsachen, die der amerikanischen Öffentlichkeit wohl selbstverständlicher und akzeptabler erscheinen als der bundesdeutschen.

Ratschläge an Reagan vor der ersten Debatte

Reagans Wahlkampfberater Writhlin hatte aus Meinungsumfragen gefolgert, daß der aktuellen Bedürfnislage der Bevölkerung das Bild eines starken Führers vom »Can do«-Typ am meisten entspräche. Die Konsequenz war, daß Reagan über den ganzen Wahlkampf hin gemäß diesem Bild präsentiert wurde bzw. sich präsentierte. Writhlin beschreibt den idealen Kandidaten für die gegebene Situation als »Autoritätsfigur, die Verantwortung übernehmen kann, die wieder Disziplin in unsere Regierung bringen kann und die den festen Willen ausdrückt, dieses Land wieder auf die richtige Schiene zu bringen«.[16]

Veränderungen in den geplanten öffentlichen Selbstbildern sollen nun über den Zeitraum des Wahlkampfes von Juni bis November 1984 betrachtet werden. Im Juni schlägt Reagans Berater Darman als Wahlkampfstrategie vor, gleichzeitig von Reagan ein positives, vom Gegner Mondale dagegen ein negatives Bild aufzubauen.[17] Reagan solle als Repräsentant einer wertbesetzten Idealvorstellung von *»America«*, Mondale dagegen als *»special interest liberal«*, als Werkzeug der Gewerkschaften, dargestellt werden. Mondale müsse persönlich schwach, altmodisch und prinzipienlos wirken sowie ungeeignet, Freiheit, Patriotismus und amerikanische Interessen zu verteidigen. Inhaltlich solle er mit Carter verbunden werden, um so zum negativ besetzten Symbol der Vergangenheit zu werden. Reagan dagegen müsse mit wirtschaftlichem Fortschritt, Frieden durch Stärke, Erneuerung traditioneller Werte und wiederbelebtem Pioniergeist assoziiert werden. Sein Markenzeichen solle sein: *»America is back, prouder, stronger, better«*, sein Programm ein Programm der Zukunft und Reagan die Personifikation all dessen, was in den Vereinigten Staaten für richtig gehalten und heroisiert wird:

> Mondale soll in eine Position kommen, in der ein Angriff auf Reagan gleichzeitig ein Angriff auf das idealisierte Selbstbild Amerikas ist, in der eine Stimme gegen Reagan unterschwellig auch eine Stimme gegen ein mythisches Amerika ist.[18]

Stu Spencer, einer von Reagans dienstältesten Beratern, schlägt im August 1984 *Führungsfähigkeit* (leadership) als zentrales Wahlkampfthema vor. Reagan solle dabei als starker Führer, gleichzeitig aber auch als mitfühlende Vaterfigur dargestellt werden. Konkret sollen Erfolge der vergangenen vier Jahre betont, aber auch bestehende Unzulänglichkeiten eingestanden werden. Außerdem fordert Spencer, eine Vision für die Zukunft anzubieten. Mondale müsse dagegen, wie schon Darman empfahl, als schwach porträtiert und mit Carter in Verbindung gebracht werden. Die Bevölkerung muß nach Ansicht Spencers auf etwaige Angriffe gegen die Schwachpunkte Reagans vorbereitet werden: Bevorzugung der Reichen, Härte gegen Arme durch Kürzung von Sozialausgaben, Auslandsverschuldung, Gefahr eines Weltkrieges und das hohe Alter des Präsidenten.[19] Schon im Vorfeld sollen Gegenargumente gegen solche Angriffe verbreitet werden.

Wer zieht die Fäden?

Kurz vor der ersten Debatte kommentiert Richard Nixon: Reagan kann, selbst wenn er in der Debatte inhaltlich versagen sollte, durch sein Auftreten Sympathien gewinnen.[20] Dabei ist es wichtig, daß Reagan sich nicht in Detailfragen verwickeln läßt, sondern vor allem auf seinen generellen Eindruck und seinen Kommunikationsstil achtet. Er könne Mondale sanft behandeln, eher mitleidig denn aggressiv. Wenn Mondale ihn dann kritisiere, würde dies respektlos wirken. Zentrales Thema ist die finanzielle Situation der Mehrheit der Wähler; Reagan müsse betonen, daß es ihnen nun besser gehe als vor vier Jahren und daß weitere Amtsjahre der Reagan-Regierung weitere Fortschritte bringen.

Es ist wichtig, daß der Eindruck entsteht, daß eine Stimme für Mondale eine Stimme für eine unsichere Zukunft ist – eine Stimme für alte Ideen, die hohe Steuern, hohe Zinsen und hohe Arbeitslosigkeit bewirkt haben. Eine Stimme für Reagan ist dagegen eine Stimme für neue Ideen, die seit vier Jahren funktionieren und die sich für Millionen von Amerikanern auszahlen.[21]

Ratschläge an Reagan vor der zweiten Debatte

Reagan war in der ersten Debatte mehrfach durch Sachfragen Mondales in Verlegenheit gebracht worden und hatte nach Worten und Zahlen suchen müssen. Für die zweite Debatte wurden daher von den Beratern Strategieänderungen vorgeschlagen. Man wollte nun nicht mehr versuchen, Reagan inhaltlich auf Höchstleistung zu trimmen, sondern er sollte »einfach er selbst« sein. Laxalt, ein Berater, meint: »Sie sind besser, wenn Sie spontan agieren und wenn Sie Ihre irische Ausstrahlung spielen lassen.« (Newsweek, 18, Vol. 106, 1984, S. 28f.) Richard Nixon empfiehlt Reagan, sich nicht in komplexe Detailfragen verwickeln zu lassen, die vom durchschnittlichen Zuschauer sowieso nicht verstanden würden. Er solle sich um den Eindruck von Kompetenz nicht durch die Präsentation von Fakten und Zahlen bemühen: »Die Menschen suchen keinen Maurer, sondern einen Architekten, keinen Buchhalter, sondern einen Manager.«[22] Statt dessen solle Reagan vermitteln, daß er auf seine Erfolge stolz sein könne, darauf, daß Steuern, Arbeitslosigkeit, Inflation und Zinsen gesenkt worden seien, und darauf, daß Millionen Amerikaner wieder zuversichtlich in die Zukunft blicken.

Für den Fall eines nochmaligen Versagens in der zweiten Debatte entwickelt Atwater vorbeugend mögliche Maßnahmen: Wir sollten den Mißerfolg leugnen, die Resultate der Debatte verschleiern (»create a fog machine«).[23] Ergänzend wäre Mondale dann in Werbespots verstärkt angegriffen worden. Führende Mitglieder der Regierung hätten die Erfolge der vergangenen vier Jahre verteidigt. Reagan wäre mit Eisenhower verglichen worden, der ein schlechter Redner, aber ein sehr populärer Präsident war. Gerald Ford hätte schließlich die Wähler daran erinnern sollen, daß auch er selbst in der Debatte schlecht abgeschnitten habe, worauf sich ein mittlerweile wenig beliebter Kandidat (Carter) durchsetzte. Darüber hinaus wäre in Zeitungsartikeln die Aussagekraft von Fernsehdebatten für die Einschätzung der Kompetenz eines Präsidenten herabgespielt und ein Sieg Reagans als weiterhin sicher proklamiert worden.[24]

Ratschläge an Mondale vor der ersten Debatte

Für Walter Mondale, der bis dahin vor allem als »Fighting Fritz« bekannt war, schlägt im Juni 1984 Mike Ford ebenfalls eine grundsätzliche Veränderung in der Selbstdarstellungsstrategie vor.[25] Er betont, daß es Mondale bis dahin gut gelungen ist, Wissen und Erfahrung zu demonstrieren. Es genüge aber nicht, Kritik zu äußern. Den Wählern müsse eine Alternative zu Reagan geboten werden. *Positive und visionäre Inhalte* seien bisher ungenügend vertreten worden. Er schlägt Mondale vor, in Zukunft weniger spezifische Sachfragen und mehr grundsätzliche Richtlinien anzusprechen, denn »ein Präsident darf, ja muß eine Führungsfigur und kein Bürokrat sein«.[26] Als erfolgsträchtig schätzt Ford folgende Themen ein: »eine sichere Welt«, »eine gerechte Gesellschaft«, »eine wettbewerbsfähige Wirtschaft«.

Im August analysiert Pat Caddell, ein Berater Mondales, die Problematik von Angriffen gegen Reagan.[27] Wegen der Schwierigkeit, einen beliebten Kandidaten direkt anzugreifen, schlägt er alternativ ein *indirektes Vorgehen* vor. Er stellt fest, Reagans Bild in der Öffentlichkeit sei dem Mondales in den Fragen von Führungsfähigkeit und Persönlichkeit überlegen. Mondales Chance in dieser Situation sei, sich verstärkt als *Brücke zur Zukunft* darzustellen, um seinem Image als »Repräsentant der Vergangenheit« entgegenzutreten und die Werte Gleichheit und Fairneß noch stärker zu betonen als bisher. Die Wahl müsse zu einer *Entscheidung zwischen grundsätzlich verschiedenen Werthaltungen* gemacht, die Verantwortung für zukünftige Generationen hervorgehoben und die Entscheidung des Wählers auf die Frage der nationalen Identität bezogen werden. Um Reagan zu kritisieren, ist es nach Meinung von Caddell notwendig, dessen Schwachpunkte bloßzulegen. Hierbei solle vermittelt werden, daß Reagan zwar Stärke verkörpere, nicht aber Gerechtigkeit. Es müsse deutlich werden, daß er sich nicht um das Wohlergehen der ärmeren Bevölkerungsteile kümmert.

Für die erste Fernsehdebatte gibt Lew Kaden Mondale folgende Hinweise: Für ihn sei es vorteilhaft, weiterhin seinen Einsatz für *Fairneß* und seine Vision für die *Zukunft* herauszustellen, sich aber auch als Realist zu zeigen, der entschlußfreudig sei und Stärke verkörpere.[28] Reagan dürfe nicht als Gesamtperson kritisiert werden. Ihm müsse Ernsthaftigkeit und guter Wille zugestanden, dennoch aber die Unterschiedlichkeit der Programme betont werden. Reagan solle als unfair dargestellt werden, da seine Politik die Reichen bevorzuge, und es müsse betont werden, daß er Sachfragen nicht verstehe und realitätsfern lebe. Konkret schlägt Kaden Mondale vor, Reagan anzuschauen, wenn er ihm direkt antwortet, Seitenblicke aber unbedingt zu vermeiden, da diese Unsicherheit signalisieren. Wenn Reagan spricht, soll Mondale aufmerksam zuhören bzw. sich Notizen machen. Bei eigenen Beiträgen können Humor und Lächeln dagegen vorteilhaft wirken. Wichtig ist nach Ansicht von Kaden vor allem, bescheiden aufzutreten, Fehler einzugestehen und herauszustellen, daß er (Mondale) die Unterstützung der Bevölkerung benötige.

Ebenfalls für die erste Debatte legt Caddell die Bedeutung von *Überraschungsangriffen* auf Reagan dar.[29] Seiner Meinung nach ist die Lage für Mondale beim Fortführen der bisherigen Strategie aussichtslos. Die einzige Chance liege in einem Auftritt, der allen Erwartungen widerspreche und Mondale von einer neuen Seite zeige. Nicht Detailfragen, sondern *Werthaltungen* solle Mondale behandeln. Außerdem müsse sich Mondale als überzeugende *Persönlichkeit* präsentieren. Vor allem solle er Themen ansprechen, in denen er Werthaltungen des Publikums teile. Caddell rechnet damit, daß es Reagan aufgrund seiner schauspielerischen Erfahrung gelingt, Stärke und Gelöstheit zu vermitteln sowie den Eindruck, daß er die Lage im Griff habe. Um diesem Bild entgegenzutreten, müsse Mondale noch eindrucksvoller auftreten. Caddell schlägt ihm daher vor, *Bewegung* in die Debatte zu bringen: im Gespräch mit Reagan hinter dem Podium hervorzutreten und einen Schritt auf Reagan zuzugehen. Dadurch könne der Eindruck entstehen, daß Reagan in die Enge getrieben werde. Die Devise dabei sei: »... die Bühne als Szenerie zu nutzen – wie ein Schauspieler.«[30]

Ratschläge an Mondale vor der zweiten Debatte

In der ersten Debatte gelingt es Mondale, sein Ansehen zu verbessern. Er geht als klarer Sieger der Debatte hervor. Laut Gallup-Umfrage sind 54 % der Bevölkerung der Meinung, daß Mondale in der Debatte einen besseren Eindruck gemacht hat, nur 35 % halten Reagan für besser. Diese Meinung vertreten unter Reagan-Anhängern immerhin 31 %, unter noch unentschiedenen Wählern sogar 70 % (Newsweek, 16, Vol. 104, 1984, S. 33).

Auf der Basis dieses Erfolges nennt Kaden[31] folgende weitere Empfehlungen für Mondale: »Zeigen Sie Stärke – daß Sie sicher, entscheidungsfreudig, entschlossen, informiert, realistisch und weitsichtig sind.«[32] Er schlägt vor, außenpolitische *Stärke* zu demonstrieren, die jedoch Rüstungskontrolle und Friedenssicherung einschließt. Dabei solle betont werden, daß die Verteidigung amerikanischer Werte zentrales Anliegen sei. Die positiven Eindrücke der ersten Debatte, nämlich daß Mondale höflich, wissend, lie-

Candidates for sale

benswert und ein attraktiver Führer sei, sollten außerdem vertieft werden. Reagan müsse dagegen als *Gefahr* für das Überleben der Menschheit dargestellt werden, da er komplizierte Fakten nicht verstehe und militärische Lösungen diplomatischen vorziehe. Konkret solle Mondale weiterhin Reagans guten Willen anerkennen und ihm auch gewisse Erfolge zugestehen, darüber hinaus jedoch Reagan anhand von Beispielen als gefährlich und inkompetent darstellen. Kaden empfiehlt Mondale, seinen eigenen Standpunkt *kraftvoll und zugleich leicht aggressiv* vorzutragen und dies nonverbal durch spärliche, aber ausdrucksvolle Gestik zu unterstützen. Caddell ergänzt, daß Mondale sich gegen die in republikanischen Werbespots erhobenen Behauptungen verteidigen müsse, daß er die Steuern entscheidend erhöhen werde.[33] Ebenso wie Kaden schlägt Caddell einen *differenzierten Angriff* auf Reagan vor: ihn als Person anerkennen, als Präsidenten jedoch wegen seines Alters und fehlender Kompetenz kritisieren:

> Wir verlangen von den Wählern nicht, daß sie sich von Reagan abwenden, sondern daß ihnen klar wird, daß er – obwohl sie ihn mögen und seine bisherigen Erfolge schätzen – in den Ruhestand gehen sollte.[34]

Mondale solle sich als *Alternative* zu Reagan anbieten, indem er von einem Angriff auf Reagan zum Herausstellen der eigenen Befähigung übergehe.

> In der ersten halben Stunde soll Mondale Reagan hart angreifen. Im zweiten Drittel soll er seinen eigenen Ansatz ausführlich darstellen und eher mitfühlend gegenüber dem verwirrten Reagan sein. Im letzten Drittel soll er Reagan beiseite schieben und seine eigene Führungsfähigkeit beweisen – um so die Zuschauer für sich zu gewinnen.[35]

Wahlkampfstrategien im Auftreten der Kandidaten

In Ergänzung zu den theoretischen Ratschlägen der Berater soll nun aufgezeigt werden, wie sich die Kandidaten bei ihren Auftritten tatsächlich verhalten haben. Gelang es ihnen, alle Ratschläge erfolgreich umzusetzen?

Es liegen hierzu politologische und kommunikationswissenschaftliche Analysen vor, die das Auftreten der Kandidaten im nachhinein interpretieren. Es geht im folgenden besonders darum, übergreifende Wahlkampfstrategien und damit verbundene Strategien der Selbstdarstellung zu identifizieren.

Im großen und ganzen zeigt sich, daß die Kandidaten die an sie gerichteten Vorschläge erfolgreich umsetzten. Ausnahmen bilden einige unvorteilhafte Eindrücke, die als Schwächen und Grenzen der Selbstdarstellungsfähigkeit der Kandidaten gedeutet werden können. Als zentrale

Wahlkampfthemen thematisierten Ronald Reagan und Walter Mondale: nationale Stärke bzw. die Gefahr eines drohenden Atomkrieges, das Haushaltsdefizit, Inflation und Steuern sowie Abtreibung und Schulgebet. Größte Bedeutung hatte aber die Frage nach der *Führungsbefähigung* (leadership) der Kandidaten und damit verknüpft auch nach *Alter* und *Kompetenz*.

Reagans Wahlkampfstrategie

Reagan verwies im Wahlkampf durchgängig auf den Erfolg der vorausgegangenen vier Jahre und forderte, auf diesem Kurs zu bleiben. Er bemühte sich, nationale Stärke zu betonen und an den nationalen Stolz zu appellieren, die eigene Führungsfähigkeit herauszustellen, Optimismus auszustrahlen sowie emotionale Themen und traditionelle Werte für sich zu nutzen.

Optimismus war ein ganz zentraler Bestandteil von Reagans Botschaft. Dies wurde besonders deutlich in einer Serie republikanischer Werbespots mit dem Titel: »It's morning again in America«, in denen ein positiver Ausblick auf die Zukunft gegeben und ein Neuanfang versprochen wurden. Reagan propagierte verstärkt auch den *American Dream*, der jedem die Chance des gesellschaftlichen Aufstiegs einräumt. Reagan wurde als der »letzte Anbieter solcher Träume« bezeichnet.[36] Wegen der Hoffnung, die Reagan ausstrahlte, und seiner Neigung, die amerikanische Bevölkerung in angenehmen Träumen zu wiegen, wurde ihm der Spitzname »Dr. Feelgood« gegeben.[37]

Der republikanische Optimismus basierte auf einer positiven Interpretation des Erreichten bzw. einem Herausstellen von Erfolgen der »Reaganomics«, des unter Reagan verfolgten Wirtschaftskurses. Entsprechende Slogans betonten den Erfolg und die Notwendigkeit weiterzumachen: »Leadership that is working!«, »Stay the course!«.[38] Erfolge wurden postuliert und diese der Führungsbefähigung Reagans zugeschrieben.

Reagans Wahlkampagne appellierte in starkem Maße an *Werthaltungen und Emotionen*: Nationaler Stolz und nationale Stärke waren zentrale Themen. Ausgedrückt wurden diese in Slogans wie »America is back, standing tall«.[39] Die Strategie, auch *New Patriotism* genannt, entsprach genau der Stimmung in der Bevölkerung und ist folgendermaßen beschrieben worden: »Er umhüllte Vergangenheit und Zukunft mit der amerikanischen Flagge.«[40] Reagans Wahlkampagne war deutlich emotional gefärbt: »Obwohl beide Parteien viele wichtige Themen ansprachen, wurden diese vom emotionalen Beiklang der Aussagen Reagans übertönt.«[41]

Die Bezugnahme auf traditionelle Werte wurde dabei gleichsam als Antwort auf Probleme der Gegenwart angeboten: »Dieser Wahlkampf zeigte, wie wichtig die traditionellen Werte – Religion, Patriotismus, Familie, Moral – für die amerikanische Psyche sind; Reagan sagte der Nation, daß die Antwort auf diese Fragen in einer religiösen und moralischen Erneuerung zu suchen sei und in der Rückkehr zu den klassischen amerikanischen Werten.«[42] Besonders bei Themen wie Abtreibung und Schulgebet beanspruchte Reagan, eine christlichere Haltung als Mondale zu vertreten.[43] Er präsentierte sich damit als der wahre Vertreter von Moral und Wertorientierung.

Verteidigen mußte sich Reagan vor allem gegen ein Image, das durch seine Gegner in der Presse aufgebaut worden war und das ihn als zu alt, als unwissend in Sachfragen und als eine Gefahr für den Weltfrieden darstellte. Außerdem mußte er mit dem Vorwurf kämpfen, für einen immensen Anstieg des Haushaltsdefizits verantwortlich zu sein.

Mondales Wahlkampfstrategie

Mondales Strategie war, Kritik an den Resultaten der Amtszeit Reagans zu üben und sich als Alternative zu Reagan darzustellen. Insofern war Mondales Strategie hauptsächlich *assertiv-aggressiv*. Mondale war ein relativ »unbeschriebenes Blatt«. Daher mußte er vor allem beweisen, daß der bisherige Präsident inkompetent war und er selbst ein geeigneterer Kandidat für dieses Amt. Er war dabei bestrebt, sich als Kandidat mit *Führungsfähigkeit* zu zeigen und *Humor* sowie *menschliche Qualitäten* zu betonen. Ein zentraler Aspekt der assertiven Strategie Mondales war, sich als Kandidat der *Fairneß* darzustellen.

Defensive Elemente in Mondales Strategie ergaben sich daraus, daß er mit negativen Eindrücken aus seiner Amtszeit als Vizepräsident Carters und mit seinem Image eines farblosen, langweiligen Kandidaten zu kämpfen hatte. Verteidigen mußte sich Mondale auch gegen das unvorteilhafte potentielle Selbstbild, das ihm seine Gegner anlasteten, daß er nämlich naive Vorstellungen von der Sowjetunion habe und außenpolitisch eine Position der Schwäche vertrete. Ebenfalls mußte er sich gegen den Vorwurf verteidigen, er werde finanzielle Nachteile für viele bringen, da er die Steuern anheben wolle.

Reagan und Mondale in den Fernsehdebatten

In den beiden Fernsehdebatten gelang es Reagan und Mondale nicht in allen Punkten, die Empfehlungen der Wahlkampfberater umzusetzen. Überraschend war es Mondale gelungen, Reagan in der ersten Debatte zu überrunden, obwohl er in Meinungsumfragen zur Wahlabsicht vor den Debatten 17 % hinter Reagan gelegen hatte. Er wirkte souverän und brachte Reagan mehrfach in Verlegenheit, ohne dabei jedoch unfair zu werden. So betonte er: »I like President Reagan«, bevor er dessen fachliche Inkompetenz anprangerte.

Laut Gallup-Meinungsumfrage hielten die Zuschauer Mondale für bedächtiger, informierter, selbstsicherer und zuversichtlicher als Reagan. Der Erfolg war zwar beachtlich, aber nicht ungeteilt. Bezüglich der Frage, wer besser in der Lage sei, mit den Problemen der Nation umzugehen und den Wohlstand zu erhalten, votierte dennoch die Mehrheit für Reagan. Auch beurteilte ein Großteil der Zuschauer Reagan als den sympathischeren Kandidaten. (Newsweek, 16, Vol. 104, 1984, S. 33)

Reagan hatte in der ersten Debatte alt, vergeßlich und inkompetent gewirkt und war allzu häufig von Mondale in die Defensive gedrängt worden. Es gelang ihm jedoch, diesen negativen Eindruck in der zweiten Debatte zu kompensieren. Die Ergebnisse der Gallup-Umfrage zeigen, daß 43 % der Zuschauer in der zweiten Debatte von Reagan den besseren Eindruck hatten, 40 % von Mondale. (Newsweek, 18, Vol. 116, 1990)

Reagan hatte nun gegenüber Mondales Vorwurf der Inkompetenz humorvoll die gegenteilige Aussage gesetzt: »Ich weiß, es wird Herrn Mondale überraschen, aber ich habe die Sache im Griff.« In der zweiten Debatte redete der Präsident flüssig und verhaspelte sich nicht. Die Kritik hinsichtlich seines Alters und seiner Kompetenz entkräftete er durch einen gelungenen *Witz*: Er drehte den Spieß um und sagte, er werde das Thema Alter nicht zum Wahlkampfthema machen, um aus der Jugend und Unerfahrenheit seines Konkurrenten nicht politisches Kapital zu schlagen. (Newsweek, 18, Vol. 104, 1984, S. 26)

Weiter war Reagan bemüht, durch sportlich-lässiges Auftreten Vitalität und Gesundheit zu beweisen. Dem Image des Kriegstreibers setzte Reagan ein gegenteiliges Image entgegen, indem er sich verstärkt als Abrüstungsbefürworter darstellte. Gegenüber dem Vorwurf, ein Präsident der Reichen zu sein, betonte er verstärkt seinen Einsatz für soziale Sicherheit.[44]

Den Opponenten Mondale stellte Reagan als schwach in der Verteidigung nationaler Interessen dar, indem er aufzählte, wie oft Mondale gegen militärische Ausgaben gestimmt habe.[45]

Mondale wirkte in der zweiten Debatte zwar selbstsicher und zuversichtlich, doch machte er im Vergleich zu Reagan, der vital und gut aussah, einen relativ erschöpften Eindruck. Entgegen den Ratschlägen der Berater war es ihm nicht gelungen, über den Eindruck der Kompetenz hinaus auch als sympathischer und freundlicher Kandidat zu wirken. Dies lag wohl daran, daß Mondale vor allem inhaltlich argumentierte und seine Angriffe gegen Reagan schärfer geworden waren.

Außerdem stand sein *unvorteilhaftes nonverbales Auftreten* im krassen Gegensatz zu dem Versuch, sich mit Worten als Vertreter nationaler Stärke und als Diplomat darzustellen.[46] So wirkte Mondale in Haltung und Mimik eher unsicher und nervös, was dem von ihm beanspruchten Selbstbild der Stärke direkt widersprach. Die Tatsache, daß über das Auftreten Mondales weniger geschrieben wurde als über das Reagans, deutet ebenfalls darauf hin, daß Mondale neben der schillernden Erscheinung Reagans eben doch farblos wirkte. Seine Stärken lagen mehr auf der inhaltlichen Seite als im Bereich der Selbstdarstellung, was allerdings im Zeitalter der Personalisierung von Wahlkämpfen vom breiten Publikum wenig honoriert wird.

Vergleich mit den Wahlkämpfen 1988 und 1992

Die Kandidaten Bush und Dukakis 1988

Dem Paradefall der Selbstdarstellung im Wahlkampf Reagan – Mondale sollen nun die Selbstdarstellungen der Kandidaten in den folgenden Präsidentschaftswahlkämpfen gegenübergestellt werden. Als ehemaliger Vizepräsident Reagans kandidierte George Bush für die Republikaner. Als demokratischer Gegenkandidat war der noch relativ unbekannte Gouverneur von Massachusetts, Michael Dukakis, nominiert worden. Die Presse beschrieb ihn als »kein Mann der großen Worte, aber ein politischer Macher mit Erfolgsbilanz, der das heruntergekommene Massachusetts zu einem Musterstaat der Union machte.« (Der Spiegel, 30, 1988, S. 100)

Die Stimmung in den USA war Anfang 1988 trotz der günstigen wirtschaftlichen Lage von zunehmender Zukunftsangst gekennzeichnet. Michael Dukakis stand daher vor der Notwendigkeit zu betonen, daß er nicht beabsichtige, die Steuern zu erhöhen. Eine Steuererhöhung, die viele Bürger bei einer demokratischen Regierung befürchteten, hätte ihm gerade unter den Arbeitern wichtige Stimmen gekostet. Also propagierte Dukakis gesamtgesellschaftliche Projekte, gegen die eigentlich niemand sein konnte: Erziehung, Gesundheit, Regionalentwicklung.

George Bush dagegen profitierte einerseits vom Erbe Reagans, mußte sich aber andererseits bemühen, aus dem Schatten des Altpräsidenten zu treten und als eigenständige Persönlichkeit wahrgenommen zu werden. Ihm nutzten die positiven Resultate der Reagan-Ära: geringe Inflationsrate und niedrige Arbeitslosigkeit. Er mußte jedoch auch gegen die Ängste in der Bevölkerung ankämpfen, die Reagans »Politik für die Reichen« hinterlassen hatte, z. B. Befürchtungen hinsichtlich steigender Kosten für Ausbildung und Krankenversorgung. Eine besonders schwierige Aufgabe für ihn bestand darin, die sogenannten »Reagan-Demokraten« für sich zu gewinnen – WählerInnen, die sich zwar eher der Demokratischen Partei zugehörig fühlten, die Reagan aber wegen seiner persönlichen Ausstrahlung gewählt hatten.

Zu Beginn der Wahlkampfzeit (Juli 1988) gilt *Bush* als ungewöhnlich *farb- und kontrastlos*, als Kandidat, der kaum noch von Reagans Popularität profitiert, sondern eher von ihr erdrückt wird. Dukakis profiliert sich in Abgrenzung zur sozial ungerechten Politik der Republikaner: »Wenn euch jemand sagt: ›Der amerikanische Traum ist nur für wenige da‹, dann antwortet: ›Die Reagan-Ära ist zu Ende.‹« (Der Spiegel, 30, 1988, S. 101)

Mitte August liegt *Dukakis* in Meinungsumfragen 17 Punkte vor Bush, dessen Wahlkampf als langweilig erlebt wird. Kurz darauf wendet sich das Blatt jedoch. Dukakis muß mit *Gerüchten* kämpfen, die von republikanischer Seite über ihn verbreitet werden und die besagen, er sei schon einmal wegen Depressionen in psychiatrischer Behandlung gewesen. Dukakis reagiert gelassen, streitet diesen »Vorwurf« ab, weigert sich aber, seine ärztlichen Unterlagen offenzulegen. Statt aber weiter in der Defensive zu bleiben, führt er mehrmals seine sportlichen Leistungen an und bezeichnet sich als »gesunden Kerl«. Er betont damit assertiv seinen guten Gesundheitszustand und vermeidet allzu defensives Auftreten.

Gleichzeitig startet *Bushs* Medienberater Ailes, der schon Nixon in seinem Wahlkampf beraten hatte, eine Wahlshow mit griffigen Slogans, Fototerminen und Imagepflege. Bushs Auftreten wird markanter:

Ab und zu nimmt der Kandidat jetzt seine Brille ab, sein Redefluß, oft zu schnell, wurde gebremst, der Blick scheint lebhafter, die Stimmlage tiefer, Gebärden und Handbewegungen verleihen Bush, vordem als »Schwächling« verhöhnt, Aggressivität. (Der Spiegel, 37, 1988, S. 163)

Wahlkampfthemen sind Umweltschutz und die Erhöhung des Mindestlohns. Vor allem aber bemüht sich Bush um die *Abwertung* des Gegners Dukakis. Ihm wirft Bush mangelnden Patriotismus vor. Außerdem kritisiert er, daß Dukakis sich als Gouverneur von Massachusetts gegen harte Mindeststrafen für Drogendealer, gegen die Todesstrafe für die Hintermänner des Drogenhandels, jedoch für Freigang bei einsitzenden Mördern, Vergewaltigern und Drogendealern eingesetzt habe. Diese Vorwürfe mochten geeignet sein, Angst vor der Politik eines Präsidenten Dukakis zu schüren. Bush hat Meinungsumfragen zufolge mittlerweile Dukakis *überholt*, was zum Großteil auf das neue imageorientierte Wahlkampfkonzept von Ailes zurückgeführt werden kann. Um seinen Rückstand aufzuholen, nimmt sich nun auch Dukakis einen zusätzlichen erfahrenen Wahlkampfberater, John Sasso.

Anfang Oktober wird die Armut unter Kindern in den USA zum Wahlkampfthema. Die Kandidaten zielen vor allem auf die Stimmen der Wählerinnen, als sie beide ihren Einsatz für arme Kinder beteuern. Dukakis kann auf Programme für kinderreiche und unterprivilegierte Familien verweisen, die er in Massachusetts eingeführt hat. Bush muß sich vom harten Image Reagans absetzen, für den Armut individuelles Versagen war. Er verspricht staatliche Zuschüsse für die Betreuung von Kindern berufstätiger Mütter. Mit 45 % liegt Bush in Meinungsumfragen zur Wahlabsicht noch immer vor Dukakis (41 %). Bei den Wählerinnen liegt allerdings Dukakis (44 %) vor Bush (40 %).

Mitte Oktober finden die Fernsehdebatten zwischen den Präsidentschaftsbewerbern statt, in denen beide versuchen, ihre Stärken zu betonen und den Gegner abzuwerten. Nationale Stärke gilt als das Thema von Bush, soziale Gerechtigkeit als das von Dukakis. Gerade auf diesen Gebieten werden dem Gegner Kompetenz bzw. Engagement besonders heftig abgesprochen. Heikle Themen wie Aids und die Finanzierung der nicaraguanischen Contras werden ausgeklammert oder allenfalls für Kritik am Gegner benutzt. Diese Art der Wahlkampfführung ohne fundierte inhaltliche Auseinandersetzung bewertet die ›Washington Post‹ als »nicht nur eine Enttäuschung für das Land, sondern international eine Peinlichkeit«. (nach Der Spiegel, 41, 1988, S. 177)

In der Innenpolitik legt Dukakis den Schwerpunkt auf Wirtschaft, Gesundheitsfürsorge, Ausbildung und Wohnungsmarkt. Als außenpolitisches Ziel nennt er den Ausbau der USA als Wirtschaftsmacht. Bush setzt weniger thematische Schwerpunkte, sondern betont wie schon sein Vorgänger Reagan vor allem die *»amerikanischen Werte«*: Gott, Vaterland, Familie und sein Engagement gegen Abtreibung und für die Todesstrafe. Bei den Meinungsumfragen liegt Bush jetzt um 5 Punkte vor Dukakis. Bush führt in den meisten Bundesstaaten so eindeutig, daß die Republikaner auf ein »Bush blow out« hoffen, auf einen Sieg in mehr als 40 der 50 Staaten.

In der letzten Debatte wechselt Bush dann vom polemischen Angreifen des Gegners zu einer *»Charme-Offensive«*. Wohlwollend-überlegen gibt er sich dem Konkurrenten gegenüber respektvoll und stellt sich in die Tradition des »Friedenspräsidenten Ronald Reagan«. (Der Spiegel, 42, 1988, S. 196) Dieses Vorgehen scheint erfolgreich gewesen zu sein, denn Bushs Vorsprung vergrößert sich weiter. Ende Oktober sehen die Medien schließlich keine

Chance mehr für Dukakis, der mittlerweile 17 Punkte hinter Bush liegt. Entsprechend gewinnt Bush am 8. 11. 1988 die Wahl und wird Präsident der Vereinigten Staaten.

Im Vergleich zum Wahlkampf Reagan – Mondale, in dem Reagan fast durchgängig als der überlegene Kandidat erschien, war bei Bush – Dukakis eine deutliche *Trendwende* erkennbar. Dukakis, der zu Beginn des Wahlkampfes weitaus populärer war, konnte diesen Vorsprung nicht halten, ähnlich wie 1994 in der Bundesrepublik Scharping gegenüber Kohl. Sein Auftreten war auf die Darstellung von *Kompetenz* und auf inhaltliche Aussagen ausgelegt; die Anbindung an *populäre Werte* vernachlässigte er im Vergleich zu Bush. Er verwies auf Erfolge, die er als Gouverneur von Massachusetts erreicht hatte, und bewies Sachkompetenz in den Bereichen Wirtschaft und Soziales. Militärische Stärke und Außenpolitik waren weniger wichtige Themen für ihn. Sich selbst präsentierte er als Symbol der Neuerung, die Zukunftsängste überflüssig macht. In Wahlkampfauftritten war er nicht sehr publikumswirksam, da er Mimik und Gestik sparsam einsetzte und allzusehr auf die inhaltliche Botschaft des gesprochenen Wortes vertraute. Es verwundert daher nicht, wenn Dukakis als kompetent eingestuft wird, Bush, der sich mit patriotischen und anderen Werthaltungen assoziierte, jedoch als »präsidentschaftswürdiger« angesehen wird. (Der Spiegel, 41, 1988, S. 177) Dukakis griff Bush meist eher sachlich als aggressiv an, was für das »showgewohnte« Fernsehpublikum vielleicht weniger einprägsam und damit weniger wirkungsvoll war.

Zusammenfassend läßt sich folgendes sagen: Zu Beginn des Wahlkampfes konnte Dukakis sein Publikum relativ leicht mit inhaltlichen Argumenten für sich gewinnen, da Bush sich selbst wenig exponierte. Bush, der anfangs farblos und langweilig gewirkt hatte, dem niemand zugetraut hat, aus dem Schatten Reagans treten zu können, wurde mit der strategischen Planung der Wahlkampfberater Lee Atwater und Roger Ailes ab September zum prägnanteren Kandidaten, der immer mehr auf Erfolgskurs ging. Bush berief sich auf das Erbe Reagans sowie auf »amerikanische Werte« und präsentierte sich als kraftvollerer und der Präsidentschaft würdigerer Kandidat. Dies wurde immer wieder durch gezielte Angriffe gegen den Gegner Dukakis unterstrichen. Da allzu intensives und hartes Attackieren des Gegners auf den Angreifer selbst zurückschlagen kann – er kann als aggressiv und negativistisch wahrgenommen werden –, änderte Bush rechtzeitig vor Ende des Wahlkampfes die Taktik und behandelte den Gegner mit fast *mitleidiger Milde*. So wirkte er selbst als fairer und weit überlegener Kandidat.

Die Kandidaten Bush, Clinton und Perot 1992

Eine Besonderheit des Präsidentschaftswahlkampfes 1992 war es, daß außer den Kandidaten der beiden großen Parteien ein unabhängiger Bewerber ins Rennen gegangen war. Neben dem amtierenden Präsidenten, George Bush, und dem Spitzenkandidaten der Demokraten, Bill Clinton, war der unabhängige Ross Perot angetreten.

Die wirtschaftliche Situation der USA war zu Beginn des Wahlkampfes angespannt, die Stimmung der Bevölkerung von Politikverdrossenheit geprägt. Der Milliardär Ross Perot nutzte diese Stimmung, da er mit keiner der beiden großen Parteien assoziiert war, den Wahlkampf aus eigener Tasche bezahlte und darüber hinaus »mit jener Mischung aus Charisma, Bodenständigkeit und entwaffnender Ehrlichkeit Eigenschaften zeigte, an denen es den Herren Bush und Clinton mangelte«. (Frankfurter Rundschau, 31. 7. 1992, S. 3) Bei Umfragen zur Wahlabsicht lag Perot im Juni 1992 mit 35 % an erster Stelle, Bush folgte mit 33 % und Clinton mit 30 %. Bush, in dessen Amtszeit die Erblasten der wirtschaftlichen Scheinblüte der Reagan-Ära fielen, hatte angesichts eines enormen Haushaltsdefizites, hoher Arbeitslosigkeit und wachsender Armut mit der Enttäuschung breiter Teile der Bevölkerung zu kämpfen. Lösungen für diese Probleme schienen nicht in Sicht, die außenpolitischen Erfolge der Golfkriegszeit lagen mehr als ein Jahr zurück. Bush wirkte »apathisch, desorientiert und versteinert«. (Der Spiegel, 27, 1992, S. 165) Aber auch Clinton konnte sich nicht als Alternative darstellen, da er als Demokrat Vertreter jener Mehrheit im Kongreß war, der die WählerInnen die wirtschaftliche Misere ebenso anlasteten wie dem Präsidenten.

Eine Trendwende erfolgt im Zuge des Nominierungsparteitages der Demokraten im Juli 1992. Perot kündigt seinen Rückzug an, da sich die Demokratische Partei »revitalisiert« habe. (Der Spiegel, 30, 1992, S. 125) Der 45jährige Bill Clinton, ein aus ärmlichen Verhältnissen stammender Yale-Absolvent, der seit über zehn Jahren das Amt des Gouverneurs von Arkansas innehatte, wird nach einer flammenden Rede, in der er wiederholt an Kennedys Kampf gegen die Armut im Land erinnert, nominiert. Clinton präsentiert sich als jemand, »der die Armut kennengelernt hat, der Rückschläge eingesteckt hat und der das alles überstand, weil er an die eigene Mission glaubt, das Land zum Besseren zu ändern«. (Der Spiegel, 30, 1992, S. 126) Nach dem Parteitag ermitteln die Meinungsforscher mit 56 % für Clinton einen Popularitätsrekord.

Bushs stellvertretender Wahlkampfmanager Vin Weber sieht zu diesem Zeitpunkt die Probleme des Präsidenten insbesondere darin, daß die BürgerInnen ihm nicht abnähmen, daß er tatsächlich etwas verändern wolle. Die dauernde Abwertung des Gegners könne diesen Eindruck auch

Es kommt auf die Politik an!

nicht korrigieren. Selbst eine Veränderung dieses Kurses berge die Gefahr, daß dies in der Bevölkerung als »Wahltaktik und Verzweiflungstat« gesehen werde. (Der Spiegel, 31, 1992, S. 115) Das Ansehen des Präsidenten leidet stark darunter, daß im Gegensatz zu seinem Versprechen im Wahlkampf nun doch Steuern erhöht werden. Im August erreicht die Popularität Bushs mit 33 % den niedrigsten Wert seit Beginn seiner Amtszeit im Januar 1989.

Auf dem Parteitag der Republikaner hält Bush eine für ihn ungewöhnlich gestenreiche und laute Rede. Er betont: »Ich bin ein Kämpfer, und ich werde dafür kämpfen, was richtig ist für Amerika.« (Süddeutsche Zeitung, 19.8.1992, S. 2) Clinton und die Demokraten greift er immer wieder als »die größten Steuereintreiber und Geldverschwender« (ebenda) an. Ihm selbst tue es leid, daß die Steuern nun doch erhöht werden, er verspreche aber für die Zukunft

Steuererleichterungen. In der Folgezeit greift Bush Clinton weiter an und betont, dieser sei nicht vertrauenswürdig. Er selbst dagegen stehe für die amerikanischen Werte Religion, Patriotismus und Familie. Zunehmend werden auch die Ehefrauen der Kandidaten einbezogen. Während Barbara Bush mütterlich-fürsorglich wirkt und den traditionellen Frauentyp verkörpert, wird Hillary Clinton, die als erfolgreiche Anwältin mehr verdient als ihr Mann, von republikanischer Seite als Karrierefrau und radikale Feministin dargestellt. Die Umfragen Ende August zeigen Auswirkungen dieses Angriffswahlkampfes: Clintons Vorsprung ist auf etwa 10 % gesunken.

Die Angriffe gegen Clinton werden immer aggressiver. Er wird als notorischer Frauenheld dargestellt. Weil er nicht in Vietnam gekämpft hat, wird er als Drückeberger, Pazifist und Opportunist beschimpft. Clinton bemüht sich verbal und nonverbal um die Widerlegung dieser Vorwürfe: Szenen mit Kindern vor der Kamera und Auftritte seiner Tochter sollen Familienorientierung betonen. Für die Tatsache, daß er nicht in Vietnam gekämpft hat, gibt Clinton verschiedene, allerdings teils widersprüchliche Begründungen. Als gute Wahl erweist sich Vizekandidat Gore, der vietnamerprobt und sehr familienorientiert ist.

Im Oktober – Perot hat inzwischen seine Kandidatur doch wieder aufgenommen – erklärt sich Bush überraschend zu vier Fernsehdebatten bereit. Die Zeitschrift ›Time‹ (41, 1992, S. 20-23) sieht für die Kandidaten folgende Aufgaben: Clinton müsse seine Antworten einfach halten und der Wählerschaft aufzeigen, welche Gründe für ihn sprechen. Perot, der dafür bekannt ist, auf Kritik aggressiv zu reagieren, müsse »cool« bleiben. Bush müsse Präsidentenqualitäten wie Stärke und Aufrichtigkeit demonstrieren und die Erfolge seiner Außenpolitik herausstellen.

Perot, der sich mit Schwung, Witz und Selbstironie als

populistischer Alleinunterhalter erweist, geht als Sieger aus der ersten Debatte hervor. Verlierer ist Bush, der vor allem Clintons Charakter angreift und sich vergeblich bemüht, trotz Schuldenkrise und Rezession als »Garant eines vernünftigen Wandels« (Süddeutsche Zeitung, 13.10.1992, S. 10) zu erscheinen. Clinton, nervös, »mit zugeschnürter Kehle, Panik im Gesicht und ständigem Lippenbefeuchten« (Der Spiegel, 43, 1992, S. 206) appelliert oft direkt ans Publikum, präsentiert zahlreiche Zahlenbeispiele und wirft Bush eine verfehlte Innen- und Sozialpolitik vor. So kann er seinen Vorsprung von 10 % zumindest halten. In den folgenden Fernsehdebatten werden Clintons Auftritte unvergleichlich besser. Nervosität ist kaum mehr zu erkennen. Clinton stellt sich als »Mann des Volkes dar«, indem er ausführlich auf Fragen aus dem Publikum eingeht und einmal sogar auf eine Fragestellerin zugeht und mit ihr persönlich spricht. Ferner zeigt er sich betroffen von der schlechten wirtschaftlichen Lage vieler Menschen und spricht von Kontakten zu sozial schwach Gestellten während seiner Amtszeit als Gouverneur von Arkansas. Clinton »deklassiert Bush durch Ideen, Initiative und Sachkenntnis.« (ebenda) In der letzten Debatte appelliert Bush an das Publikum: »Und so bleibt die Frage, wer wird über diese Nation wachen? Wer wird die Bürger und ihre Kinder beschützen? Ich brauche Ihre Unterstützung. Ich bitte Sie um Ihre Stimme. Gott segne die Vereinigten Staaten von Amerika.« (Frankfurter Rundschau, 26.10.1992, S. 3) Clintons Vorsprung verringert sich daraufhin auf etwa acht Prozent, ist aber nicht mehr einholbar. Bush bezeichnet in dieser Phase Meinungsumfragen als »verrückt« und Meinungsforscher als »idiotisch«. (Der Spiegel, 44, 1992, S. 186) Am 3. November wird Bill Clinton zum 43. Präsidenten der Vereinigten Staaten gewählt.

Selbstdarstellungstaktiken in den Wahlkämpfen

Von den bisher aufgezeigten Wahlkampfstrategien soll nun die Brücke zur psychologischen Theorie der Selbstdarstellung geschlagen werden. Dabei sollen die Empfehlungen der Berater und das Auftreten der Kandidaten als Taktiken der Selbstdarstellung (vgl. Kapitel 1) formuliert werden.

In Reagans Selbstdarstellung dominieren als assertive Taktiken »Sympathien werben« (»ingratiation«) und »Moralität betonen« (»exemplification«).[47] Zu versuchen, weniger durch programmatische Aussagen zu überzeugen als durch Stil und Tonfall Sympathien zu gewinnen, bedeutet, sich als Persönlichkeit beliebt machen zu wollen.[48] Auch die Darstellung von Optimismus und das Versprechen weiteren wirtschaftlichen Aufschwungs kann als Werbung um Sympathien verstanden werden. Wenn Reagan sich hingegen als Personifikation eines patriotischen und religiösen »America« darstellt, so ist dies als Betonung der eigenen Werthaltungen (»exemplification«) aufzufassen. Diese Taktik wird besonders deutlich, als Darman vorschlägt, eine Stimme für Reagan müsse als Stimme für ein mythisches »America« aufgebaut werden.[49]

Die Taktik »Kompetenz darstellen« (»self-promotion«) verwendet Reagan, wenn er sich als fähiger Führer beschreibt.[50] Die Nennung von Erfolgen der vorangegangenen Regierungsperiode kann teils als »sich die Verantwortung für Erfolge zuschreiben« (»entitlements«), teils als »Lob des eigenen Tuns« (»enhancement«) beobachtet werden: Reagan versucht einerseits, sich die Verantwortung für positive Ereignisse zuzuschreiben, auch wenn diese auf andere Personen oder Faktoren zurückgeführt werden können.[51] Andererseits bemüht er sich, die Resultate der eigenen Politik positiv zu interpretieren. Beide Taktiken können auch durch andere Personen stellvertretend für den Darsteller angewendet werden, was dessen Glaubwürdigkeit erhöht, da er sich nicht selbst zu loben braucht. Dies empfehlen die Berater für den Fall eines Versagens Reagans in der zweiten Debatte.[52] Die Idee, Assoziationen zu Eisenhower hervorzurufen, kann als Versuch, »sich im Glanze anderer zu sonnen« (»basking in reflected glory«), bezeichnet werden.[53]

In Ergänzung zu direkter assertiver Selbstdarstellung greift Reagan auch Mondale an, was der Taktik »den Gegner abwerten« (»blasting the opposition«) entspricht.[54] Diese Angriffe laufen den Versuchen Mondales entgegen, Werthaltungen zu betonen, Stärke zu zeigen und um Sympathien zu werben. Dem positiven Bild widersprechend, das Mondale von sich selbst aufbaut, wirft Reagan ihm vor, er werde Steuern erhöhen. Dadurch, daß Reagan eine Verbindung zwischen Mondale und dem in den USA unbeliebten Carter herstellt, werden Mondales Versuche, sympathisch zu erscheinen, weiter erschwert. In Konflikt mit dem Anspruch, moralisch-ethisch vorbildlich zu sein (»exemplification«), stehen die Vorwürfe, er sei ein Instrument der Gewerkschaften. Schließlich wird sein Anspruch, ein starker Führer zu sein, dadurch in Frage gestellt, daß Reagan ihn als schwach porträtiert.

Reagan seinerseits muß gegen das Bild ankämpfen, das die Opposition von ihm gezeichnet hat und das den von ihm selbst angestrebten öffentlichen Selbstbildern widerspricht. Insofern kann der Wahlkampf auch als ein *Wetteifern um das überzeugendere Übermitteln bestimmter Bilder der eigenen Person und des Gegners* gesehen werden. Reagan verteidigt sich gegen Vorwürfe, alt, unwissend, sozial ungerecht und außenpolitisch unberechenbar zu sein.

Er begegnet diesen Vorwürfen, indem er konträre Selbstbilder aufbaut: Er versucht, vital zu erscheinen und begegnet der Altersfrage mit Humor; er betont seinen Einsatz für Abrüstung und soziale Sicherheit. Das Abstreiten unerwünschter Selbstbilder kann als »Leugnen« (»denial«) verstanden werden.[55] Der Vorschlag Nixons, Mondale sanft, fast mitleidig zu behandeln, stellt schließlich eine Form von »vorbeugender Selbstdarstellung« dar.[56] Es soll vermieden werden, daß Reagan durch Angriffe auf Mondale aggressiv wirkt, statt dessen soll er hohe moralische Werthaltungen demonstrieren und zeigen, daß er über politischen Intrigen steht.

Mondales Berater empfehlen folgende Schwerpunkte: »den Gegner abwerten« (»blasting the opposition«)[57] und »Stärke zeigen«.[58] Mit der Demonstration von Stärke soll Mondale vor allem den Bildern begegnen, die ihm von seinen Gegnern angelastet werden. Die Taktik drückt sich in verbalen Selbstbeschreibungen aus. Die Berater schlagen in diesem Sinn auch den effektiveren Einsatz nonverbaler Elemente vor: ausdrucksvolle Gestik[59] und Hervortreten hinter dem Podium, um Reagan so nonverbal zu attackieren.[60]

Bei der Kritik an Reagan (»blasting the opposition«) solle Mondale darauf achten, daß sich kein »Bumerangeffekt« einstelle und die Kritik am Konkurrenten auf ihn selbst zurückfalle. Er solle daher Reagan als Person akzeptieren, gleichzeitig seine Fähigkeit als Präsident in Frage stellen.[61] Das relativ stabile, positive Bild Reagans in der Öffentlichkeit wird damit in differenzierter Weise angegriffen: Die Sympathiekomponente bleibt unangetastet, nur Reagans Kompetenz wird in Frage gestellt.

Sich selbst solle Mondale als Alternative zu Reagan darstellen. Hierbei finden die Taktiken »Sympathien werben« (»ingratiation«) und »Moralität betonen« (»exemplification«) Verwendung. Die Darstellung von Kompetenz

(»self-promotion«) wird in geringem Maße auch empfohlen, doch war Mike Ford zufolge der Eindruck von Kompetenz schon ausführlich im Vorwahlkampf erreicht worden, während andere Aspekte des Images (besonders die Sympathiekomponente) unterrepräsentiert waren.[62] Den Anspruch ethischer Vorbildlichkeit (»exemplification«) drückt Mondale vor allem durch die Kennzeichnung seiner eigenen Politik als fairneßorientiert aus. Dies kommt besonders im Vorschlag seiner Berater zum Tragen, Mondale solle die Wahl zu einer Wahl zwischen Werthaltungen machen, Fairneß gegen Egoismus.[63] Werbung um Sympathien (»ingratiation«) kann einerseits darin gesehen werden, daß Mondale ebenso wie Reagan eine Vision von Prosperität anbietet, andererseits darin, daß er durch Humor und das Zeigen menschlicher Qualitäten höflich, liebenswert und attraktiv zu erscheinen versucht. Hierzu gehört auch, bescheiden aufzutreten[64] und zu zeigen, daß er (Mondale) Werthaltungen mit dem Publikum teilt.[65]

Zusammenfassend kann gesagt werden, *Reagans* Berater empfahlen: (1) Führungsfähigkeit (leadership) darzustellen (»self-promotion«), (2) auf Erfolge aus der vergangenen Regierungsperiode zu verweisen und hieraus eine optimistische Perspektive für eine zweite Amtszeit abzuleiten (»self-promotion«; »ingratiation«), (3) traditionelle Werte, insbesondere Patriotismus und Religion zu vertreten (»exemplification«), (4) sich nicht in Detailfragen verstricken zu lassen, sondern einen eher globalen positiven Eindruck anzustreben (»ingratiation«), (5) Mondale als schwach in der Verteidigung nationaler Interessen darzustellen (»blasting the opposition«).

Mondales Berater empfahlen: (1) Reagan als Gefahr für den Weltfrieden darzustellen (»blasting the opposition«), (2) beim Angriff gegen Reagan aber *indirekt* vorzugehen,

d. h. Reagan als Person zu akzeptieren, nur seine Politik zu kritisieren, (3) eine Vision für die Zukunft anzubieten (»ingratiation«), (4) sich stark zu zeigen, (5) die Wahl zu einer Entscheidung zwischen Werthaltungen zu machen und sich als Vertreter der Fairneß darzustellen (»exemplification«).

Dukakis' Wahlstrategie bestand darin, Kompetenz in Sachfragen zu demonstrieren (»self-promotion«) und soziale Gerechtigkeit zu fordern (»exemplification«). Im Sinne defensiver Selbstdarstellung mußte er mit dem Vorwurf psychischer Krankheit kämpfen. Diesem begegnete er durch die Darstellung des komplementären Bildes eines gesunden und vitalen Mannes.

Bushs Selbstdarstellung, die zunächst wenig Konturen aufwies und im Schatten der eindrucksvollen Darstellung Reagans verblaßte, wurde im Verlauf des Wahlkampfes unter Anleitung seiner Berater deutlich markanter. Einerseits führte Bush einen Angriffswahlkampf gegen Dukakis (»blasting the opposition«), andererseits setzte Bush auf die Identifikation mit traditionellen Werten (»exemplification«). In der letzten Phase des Wahlkampfes vermied Bush Angriffe auf Dukakis und behandelte ihn mitleidig-überlegen. So zeigte er sich souverän in Erwartung des Sieges, demonstrierte andererseits Fairneß im Umgang mit dem unterlegenen Gegner und vermied die negative Nebenwirkung von Angriffen, selbst als aggressiv wahrgenommen zu werden. Solches Verhalten ist bisher bei der Unterteilung von Selbstdarstellungstaktiken nicht beschrieben worden. Man könnte hierfür den Begriff *Demonstration von Überlegenheit* prägen, die in diesem Fall mit der »Demonstration von Fairneß« (»exemplification«) gekoppelt ist.

Im Wahlkampf 1992 setzte Bush wieder auf die Repräsentation traditioneller Werte. Während er in der ersten Phase des Wahlkampfes siegessicher und lethargisch wirkte, änderte sich dies nach dem erfolgreichen Auftritt Clintons auf dem Parteitag der Demokraten. Bush wurde aktiver und setzte auf Angriffswahlkampf (»blasting the opposition«). Clinton demonstrierte im Wahlkampf vor allem Sachkenntnis (»self-promotion«) und Bürgernähe. Indem er oft an Kennedy erinnert, versucht er, sich in die Tradition dieses erfolgreichen und beliebten Politikers zu stellen (»basking in reflected glory«). Außerdem mußte er sich gegen zahlreiche negative Eindrücke verteidigen. Im Sinne defensiver Selbstdarstellung demonstrierte er Familienorientierung, indem er sich immer wieder mit Kindern vor der Kamera zeigte. Seinen fehlenden Vietnameinsatz versuchte er mit verschiedenen Argumenten zu rechtfertigen. Perot gewann vor allem durch Witz und populistische Vorschläge Sympathien (»ingratiation«). Auch er stellte sich als bürgernah dar, als jemand, der eben kein typischer Politiker ist – als Mann des Volkes.

Umfragen und Wahlergebnis

Der Erfolg von Selbstdarstellungen bemißt sich daran, wieweit sie von den jeweiligen Adressaten akzeptiert werden, d.h. wie gut es den jeweiligen Darstellern also gelingt, beim Publikum einen erwünschten positiven Eindruck zu hinterlassen. Für die Beurteilung der Selbstdarstellungen der Präsidentschaftsbewerber können Meinungsumfragen zum öffentlichen Ansehen der Politiker, das großenteils durch die Selbstdarstellung des Kandidaten und seine Darstellung in der Presse bestimmt wird, als Indikator herangezogen werden. Da die Beurteilung des Kandidaten ein Faktor bei der Wahlentscheidung ist, kann das Wahlergebnis mit Einschränkungen als indirekter Erfolg der Selbstdarstellung interpretiert werden.[66]

Über die Auswirkung der beiden Debatten geben Meinungsumfragen der Zeitschrift ›Newsweek‹ Auskunft (vgl. Tab. 2.1). Nach der ersten Debatte hielt die Mehrheit der Befragten Mondale für den geeigneteren Kandidaten. Ein ganz anderes Bild ergab sich nach der zweiten Debatte: 43 % sahen in Reagan den Sieger, 40 % in Mondale. Mondale hatte in der ersten Debatte sehr informiert gewirkt, während Reagan alt und verwirrt erschien. Dagegen sah in der zweiten Debatte Mondale erschöpft aus, und Reagan wirkte dynamisch und vital. Konkret hielten 44 % der Befragten die Beschreibung »thoughtful and well informed« (überlegt und informiert) für eher auf Reagan passend, 38 % sahen Mondale damit besser beschrieben. Bei der Charakterisierung »confident and self-assured« (überzeugt und selbstsicher) nannten 46 % Reagan, 36 % Mondale. Bei der Beschreibung »more capable of handling relations with the Soviets« (besser befähigt, die Beziehungen mit den Sowjets zu regeln) entschieden 55 % für Reagan, 38 % für Mondale. Bei »more likely to keep the country out of war« (wird das Land eher vor einem Krieg bewahren) waren 49 % für Reagan, 39 % für Mondale. Die Kennzeichnung »had the best judgement on what defense expenditures are really needed to keep the country strong« (beurteilte am besten, wieviel Verteidigungsausgaben wirklich nötig sind, um die Stärke der Nation aufrechtzuerhalten) beschrieb nach Meinung von 53 % der Befragten Reagan besser, nur 39 % äußerten sich zugunsten von Mondale. Schließlich sagten 57 %, Reagan sei »more close to my views to foreign policy« (meinen außenpolitischen Ansichten näher), 38 % sagten das über Mondale. (Newsweek, 18, Vol. 104, 1984, S. 29)

Tabelle 2.1 Ergebnisse der ›Newsweek‹-Umfrage

1) Regardless of which candidate you support, who do you think did a better job in the debate? (Unabhängig von Ihrer Präferenz für einen Kandidaten: Wer hat sich Ihrer Meinung nach in der Debatte besser geschlagen?)

Reagan 43%	Mondale 40%	Keiner 14%	Weiß nicht 3%

2) All things considered, did the debate make you more likely to vote for Ronald Reagan or vote against him? (Hat die Debatte Sie insgesamt gesehen eher dazu bewegt, für Reagan zu stimmen oder gegen ihn?)

Für ihn 47%	Gegen ihn 33%	Kein Effekt 18%	Weiß nicht 2%

3) All things considered, did the debate make you more likely to vote for Walter Mondale or vote against him? (Hat die Debatte Sie insgesamt gesehen eher dazu bewegt, für Mondale zu stimmen oder gegen ihn?)

Für ihn 37%	Gegen ihn 44%	Kein Effekt 16%	Weiß nicht 3%

4) How concerned are you that Reagan may not be able to meet the demands of a second term as president? (Wie besorgt sind Sie darüber, ob Reagan den Anforderungen einer weiteren Regierungsperiode gewachsen ist?)

Sehr 22%	Etwas 20%	Nicht 57%	Weiß nicht 1%

5) Do the following phrases better describe Reagan or Mondale in the debate? (Wen beschreiben die folgenden Aussagen in bezug auf die Debatte besser: Reagan oder Mondale?)

a) Thougtful and well informed (bedächtig und gut informiert)

Reagan	Mondale	Keinen	Weiß nicht
44%	38%	1%	17%

b) Confident and self-assured (selbstsicher und zuversichtlich)

Reagan	Mondale	Keinen	Weiß nicht
46%	36%	1%	17%

c) Closer to my views on foreign policy (meinen außenpolitischen Ansichten näher)

Reagan	Mondale	Keinen	Weiß nicht
57%	38%	1%	4%

d) More capable of handling relations with the soviets (besser befähigt, die Beziehungen zur Sowjetunion zu regeln)

Reagan	Mondale	Keinen	Weiß nicht
55%	38%	3%	4%

e) Had the best judgment on what defense expenditures are really needed to keep the country strong (beurteilte am besten, wieviel Verteidigungsausgaben wirklich notwendig sind, um die Nation stark zu halten)

Reagan	Mondale	Keinen	Weiß nicht
53%	39%	2%	6%

f) More likely to keep the country out of war (wird das Land eher aus einem Krieg heraushalten)

Reagan	Mondale	Keinen	Weiß nicht
49%	39%	3%	9%

Insgesamt schnitt also in dieser Umfrage Reagan bedeutend besser ab als Mondale. Er wurde von einer größeren Zahl von Personen als umsichtig, gut informiert und selbstsicher gesehen und als der Kandidat, der außenpolitisch Stärke verkörpern und Frieden sichern wird. Es scheint also so zu sein, daß Mondales Versuch, Reagan als inkompetent und gefährlich darzustellen, genausowenig glückte wie der Versuch, sich selbst als außenpolitisch stark zu zeigen. Dagegen scheint es Reagan eher gelungen zu sein, angestrebte öffentliche Selbstbilder erfolgreich zu vermitteln. Eine weitere Umfrage von CBS/NYT bestätigte diese Tendenz.

Auch das Wahlergebnis kann Hinweise auf den Erfolg der Selbstdarstellung geben. Einschränkend ist dabei allerdings zu betonen, daß das Ergebnis auch in einer so personbezogenen Wahl nicht ausschließlich durch Selbstdarstellung bestimmt wird (s.o.). So spielen neben dem Eindruck, den der Kandidat von sich als Person vermittelt, auch stabile Parteipräferenzen und programmatische Aussagen der Kandidaten eine wichtige Rolle bei der Entscheidung der Wähler.[67]

Das Ergebnis der Wahl war für Reagan noch vorteilhafter als die zuvor berichteten Umfragen. Der Sieg wurde vielfach als erdrutschartig (landslide) bezeichnet. Reagan gewann die Mehrheit selbst in Staaten, die traditionell demokratisch gewählt hatten, wie z. B. in den Südstaaten. Mondale gelang es einzig und allein in seinem Heimatstaat Minnesota, die Mehrheit zu erringen. Reagan hatte die Mehrheit der Wähler in allen bedeutsamen Subpopulationen, außer bei den Schwarzen, den Hispaniern, den Juden und den Ärmsten, hinter sich.

Siege der Selbstdarstellung?

Der Sieg Reagans wurde vielfach als ein Sieg der Person Ronald Reagan, nicht so sehr als ein Sieg des politischen Programmes und damit nicht als Zeichen einer konservativen Wende gewertet. Hierfür spricht, daß etwa 70 % der Bevölkerung angaben, Reagan als Person zu mögen, während nur 35 % seiner Politik insgesamt zustimmten.[68] Dementsprechend urteilt Gerald Pomper in einer Wahlkampfanalyse:

> Der Erfolg des Präsidenten beruht nicht auf Erfolgen oder Programmen, sondern auf seinem Image. Millionen Amerikaner wählten eine liebenswerte Person, die erfolgreich folgende Aspekte in sich vereinigte: vage, aber anrührende Rhetorik, eine selbstbewußte Persönlichkeit, die kommunikativen Fähigkeiten eines Schauspielers und ein verbales Bekenntnis zu Religion und Familie.[69]

Im Gegensatz dazu wurde Mondale als langweilig und als schlechter Darsteller beschrieben. Stärke wird als wichtigster Faktor in Reagans Image bezeichnet.[70] Daß Reagan als Person besser ankam als Mondale, belegt auch eine Studie zur Wirkung der Kandidaten.[71] Es ging dabei speziell um den Eindruck, den das Gesicht der Kandidaten hinterließ. Im Januar 1984, als Mondale noch relativ unbekannt war, wurden Versuchspersonen bezüglich ihrer Einschätzung verschiedener Politiker, darunter Reagan und Mondale, befragt. Anschließend wurden ihnen Fotografien der jeweiligen Kandidaten gezeigt. Während Reagan nach Betrachten des Bildes von 12 % der Personen, die ihn vorher eher negativ bewertet hatten, positiver eingestuft wurde, war es bei Mondale umgekehrt. 15 % der Personen, die ihn vorher positiv beurteilt hatten, stuften ihn dann negativer ein. Da viele Zuschauer Mondale vorher noch nicht gesehen hatten, darf darauf geschlossen werden, daß er optisch unvorteilhaft wirkte. Die Ursachen des Sympathiegewinns bei Reagan sind weniger klar, da er als amtierender Präsident schon vorher relativ bekannt war.

Mehrere Autoren stellten heraus, wie gut die implizite Botschaft Reagans den aktuellen Bedürfnissen der Bevölkerung entsprach.[72] Abgesehen von der Botschaft des Optimismus, des Stolzes und traditioneller Wertorientierung, die Reagan vermittelte, erschien er persönlich stets sympathisch.[73] Die Tatsache, daß Reagan häufig sachliche Fehler unterliefen, machte ihn eventuell bei der Bevölkerung noch attraktiver, weil dem Durchschnittsbürger ähnlicher. Der Wahlkampfbeobachter Mc Williams schreibt: »Eine Führungsfigur muß einer von uns sein, ein normaler Bürger – der dann glorifiziert wird.«[74] Zum bevölkerungsnahen Eindruck Reagans mag auch seine Rhetorik beigetragen haben, deren zentraler Faktor Einfachheit ist.[75] Dagegen war Mondales Rhetorik zu kompliziert, um populär zu wirken. Über Reagan schreiben die Journalisten Peter Goldman und Tony Fuller: »Er und Amerika sprachen die gleiche Sprache.«[76] Reagans Wahlkampfberater Stu Spencer sagt sogar, daß die Wähler im Wahlkampf und besonders in den Debatten eigentlich nur Bestätigungen ihrer vorgefaßten Meinungen suchten, nämlich daß Reagan ein guter Präsident sei:

> Die simple Wahrheit ist, daß Mondale irrelevant war. Im Grunde wollten die Wähler durch die Debatten nur bestätigt bekommen, daß Reagan nicht zu alt war, um Präsident zu sein. Von ihm war nichts gefordert, als 90 Minuten auf den Beinen zu bleiben.[77]

Auch im Wahlkampf Bush – Dukakis war die Selbstdarstellung der Kandidaten ein einflußreicher Faktor. Im Verlauf des Wahlkampfes hatte eine beachtliche Veränderung in den Sympathien stattgefunden: Bush, der anfangs weit weniger populär war als Dukakis, überrundete ihn später deutlich. Diesen Umschwung in der Beliebtheit der Kandidaten sahen die Medien vor allem in der Unerfahrenheit von Dukakis' Beratern und in der effektvollen Wahlkampfshow begründet, die Lee Atwater und Roger Ailes ab September mit Bush inszenierten.

Auch in diesem Wahlkampf erwies sich wie bei der Entscheidung zwischen Reagan und Mondale schließlich der Kandidat als der erfolgreichere, der sich im Wahlkampf weniger intensiv mit Sachargumenten auseinandersetzte und statt dessen *populäre Werthaltungen* vertrat. Es scheint, daß die Darstellung von Kompetenz nicht ausreicht, wenn man im Rahmen einer Präsidentschaftskandidatur um die Gunst der Öffentlichkeit werben will. Wichtig ist, daß sich der Kandidat mit den in der Bevölkerung hochgehaltenen Werten identifiziert und daß er als *würdiger Repräsentant* der Nation gesehen wird. Diese Vermutung wird durch die Analysen von White gestützt, nach denen das Präsidentschaftsamt in den USA mit einem gewissen Mythos umgeben ist, der Präsident auch Vorbildfunktion hat und von vielen Bürgern als »Vater der Nation« gesehen wird.[78]

Ebenfalls wird deutlich, welche Bedeutung die *Anpassung* zwischen Selbstdarstellung der Kandidaten und Wünschen und Ansprüchen der Bevölkerung hat. Der Kandidat, der am ehesten das aktuelle Idealbild eines Bewerbers in der Bevölkerungsmehrheit darstellt, der dem Volk »aus dem Herzen spricht« und ihm die Einlösung verschiedenster Wünsche verspricht, erreicht im allgemeinen maximale Popularität. Schließlich zeigt sich, daß das breite Fernsehpublikum, das den starken Unterhaltungscharakter dieses Mediums gewohnt ist, auch im politischen Wahlkampf eine eindrucksvolle und persönlichkeitsorientierte Show der differenzierten Auseinandersetzung mit Sachargumenten vorzuziehen scheint.[79]

Andererseits zeigt gerade die Analyse des Wahlkampfes Reagan-Mondale, daß Selbstdarstellung ihre *Grenzen* hat. Auch wenn eine bestimmte Darstellung im Sinne der Bevölkerungswünsche günstig ist, ist sie nicht für jeden Kandidaten möglich. Zwar kann die Art des Auftretens bis zu einem gewissen Grad trainiert werden, doch kann ein Kandidat nur solche Selbstbilder überzeugend vermitteln, die seiner Persönlichkeit noch in gewissem Maß entsprechen. So zeigte sich bei Reagans Mißerfolg in der ersten Debatte eindrucksvoll, daß ihm die Rolle des »Faktenwissers« nicht lag, daß er sich bei diesem Versuch der Selbstdarstellung eher blamierte.

Ausblick: Vorboten der Wahl 1996

Lange vor der Wahl wird in den Medien bereits über Kandidaten für das Weiße Haus 1996 spekuliert. Bill Clinton schneidet in Umfragen im Vergleich zu möglichen Opponenten relativ schlecht ab. Meist diskutierter Konkurrent ist der farbige General und Golfkriegssieger Colin Powell.

In Kommentaren wird eine mögliche Kandidatur Powells mit der Dwight D. Eisenhowers 1952 verglichen. Ebenso wie 1995 suchte die Bevölkerung 1952 einen Helden als Identifikationsfigur und jemanden, der über dem Morast politischen Kleinkrieges und korrupter Verhältnisse stand. Eisenhower, der anfänglich in der Republikanischen Partei keine gute Position hatte, wurde wegen seiner Popularität an der Basis republikanischer Kandidat und schließlich Präsident. Journalisten vergleichen Powell, der im Herbst 1995 durch die Veröffentlichung seiner Autobiographie enorme Popularität erfährt, mit Eisenhower und spekulieren, ob er der erste schwarze Präsident der USA werden kann. (Newsweek, 37, 1995, S. 20-25)

Senator Robert Dole ist zu diesem Zeitpunkt aussichtsreichster Kandidat um die Nominierung innerhalb der republikanischen Partei. Umfragen bescheinigen ihm mit Powell als Vizekandidat 49% zu erwartende Stimmen gegenüber 45% für Bill Clinton und Al Gore. (Newsweek, 39, 1995, S. 23–25). Wäre Powell jedoch Präsidentschaftskandidat der Republikaner, hätte er mit 51% im Vergleich zu 41% einen noch größeren Vorsprung gegenüber Clinton. Wenn Powell als unabhängiger Kandidat anträte, erhielte er nach der Hochrechnung der Demoskopen dagegen lediglich 21% der Stimmen. Clinton erhielte dann 33% und Dole 36%. Noch hält Powell sich aber bedeckt, ob er kandidieren werde, und ob er in diesem Fall als unabhängiger Kandidat anträte, als Vizekandidat mit Präsidentschaftsbewerber Bob Dole oder als innerparteilicher Konkurrent Doles.

Powells Popularität speist sich großenteils daraus, daß sein persönliches Profil in hervorragender Weise den aktuellen Bedürfnissen der Bevölkerung entspricht: 1992 wurde Bill Clinton als Reformer

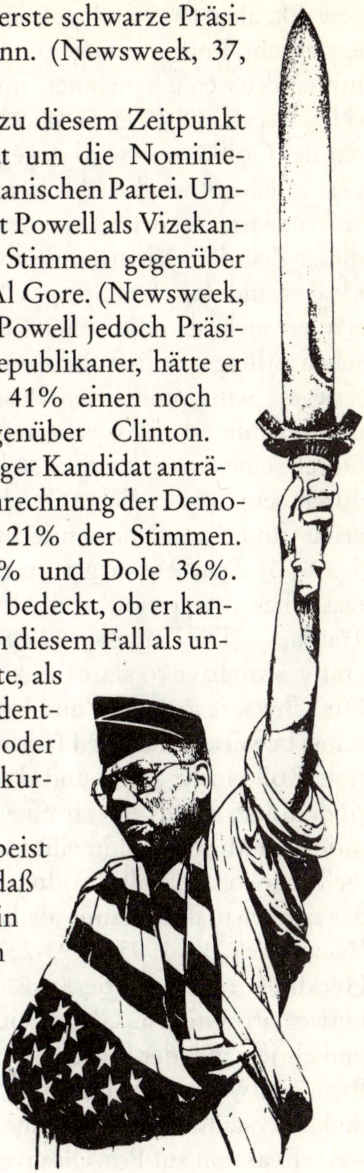

American liberty

gewählt, aber 1995 sind viele Wähler in ihren Erwartungen enttäuscht. Entfremdung von den großen Parteien und Politikverdrossenheit nehmen immer größere Ausmaße an. (Newsweek, 39, 1995, S. 18–22) Der General und Gewinner des Golfkrieges wird dagegen als Held und Führungspersönlichkeit verehrt. Als jemand, der beide große Parteien kritisiert, verkörpert er einen dritten Weg und scheint in dieser Zeit der Orientierungslosigkeit und Frustration der ideale Kandidat. (Der Spiegel, 38, 1995, S. 150-152) Er präsentiert sich als politischer Führer, der über dem politischen Alltagsgeschäft steht, eher als Bürokrat denn als Krieger. Seine politischen Positionen sind undogmatisch und liberaler als klassische republikanische Standpunkte. Durch seine Armeekarriere steht er für Mut und Disziplin, durch seine persönliche Geschichte für moralische Integrität und Familienorientierung (Newsweek, 37, 1995, S. 23–25). Sein Aufstieg zum obersten Militär ist Symbol rassischer Integration und Modell des »Amerikanischen Traumes«. (Die Zeit, 38, 1995, S. 2) Seine Botschaft ist integrativ: »We have to start thinking of America as a family.« Für Schwarze ist er Idol und Hoffnung. Weiße können sich selbst beweisen, daß die Hautfarbe in den USA keine zentrale Rolle mehr spielt und daß sie selbst keine Rassisten sind, indem sie für ihn stimmen. Aufgrund seiner Sozialisation im Militär und in einer weißen Hierarchie wird Powell jedoch auch als Produkt einer weißen Gesellschaft bezeichnet und ist damit als Schwarzer nicht bedrohlich. (Newsweek, 39, 1995, S. 23-25) Auch seine jamaikanische Herkunft trägt dazu bei, daß er über ethnische Grenzen hinweg attraktiv ist. Gleichzeitig scheint er als Schwarzer und als jemand, der im armen New Yorker Stadtteil South Bronx aufwuchs, prädestiniert, die drängenden rassischen und innerstädtischen Probleme der USA zu lösen.

Als Reaktion auf Powells große Popularität und das starke Interesse an seiner Autobiographie wird allerdings schon jetzt Kritik an ihm laut (Newsweek, 37, 1995, S. 25-26): War er an der Verschleierung des My-Lai-Massakers beteiligt? Hat er in der Iran-Contra-Affäre falsche Aussagen gemacht? War er maßgeblich für die umstrittene frühzeitige Beendigung des Golfkrieges verantwortlich?

1 Richard Nixon, Reagan can loose and still win. In: Peter Goldman/Tony Fuller (Eds.), The quest for the presidency. Toronto 1984, S. 429.

2 Die Übersetzung aller Zitate aus dem Englischen wurde von der Verfasserin vorgenommen.

3 Sidney Kraus (Ed.), The great debates: background, perspective, effects. Gloucester 1968; ders., The effects of mass communication on political behavior. Pennsylvania State 1976

4 Angus Campbell (Ed.), The American Voter. An abridgement. New York 1964;Thomas E. Patterson, Television and election strategy. In: Academy of Political Science Proceedings 34 (1982), S. 4–35.

5 Siehe Anm. 3.

6 Richard Nixon, Reagan can loose and still win. In: Peter Goldman/Tony Fuller (Eds.), The quest for the presidency. Toronto 1984, S. 427–430.

7 Mark H. Davis, Voting intentions and the 1980 Carter Reagan Debate. Journal of Applied Social Psychology 12 (1982), S. 481 – 492.

8 Peter Schrott, Electoral consequences of »winning« televised campaign debates. Paper delivered at the 1988 Meeting of the Midwest Political Science Association.

9 Gerald M. Pomper, The nominations. In: Ders. (Ed.), The elections of 1984. Chatham 1985, S. 1–34.

10 Scott Keeter, Public opinion in 1984. In: Gerald M. Pomper, (Ed.), The election of 1984. Chatham 1985, S. 91–111.

11 Henry A. Plotkin, Issues in the campaign. In: Gerald M. Pomper (Ed.), The elections of 1984. Chatham 1985, S. 35–59

12 Gerald M. Pomper, The presidential election. In: Gerald M. Pomper (Ed.), The elections of 1984. Chatham 1985, S. 60–90.

13 Siehe Anm. 7; vgl. Abschnitt »Die Bedeutung von Fernsehdebatten im Wahlkampf«.

14 Peter Goldman/Tony Fuller (Eds.). The quest for the presidency 1984. Toronto 1985

15 Ebenda.

16 Ebenda, S. 19.

17 Richard Darman, A vote against a mythic America. In: Peter Goldman/Tony Fuller (Eds.), The quest for the presidency. Toronto 1984, S. 412–413.

18 Ebenda, S. 413.

19 Stuart Spencer, Mondale is perceived as a whimp. In: Peter Goldman/Tony Fuller (Eds.), The quest for the presidency. Toronto 1984, S. 415–416.

20 Siehe Anm. 6.
21 Ebenda, S. 429.
22 Richard Nixon, People want an architect, not a bricklayer. In: Peter Goldman/Tony Fuller (Eds.), The quest for the presidency. Toronto 1984, S. 448.
23 Lee Atwater, Create a fog machine. In: Peter Goldman/Tony Fuller (Eds.), The quest for the presidency. Toronto 1984, S. 434–438.
24 Ebenda.
25 Michael Ford, We always run with the ball. In: Peter Goldman/Tony Fuller (Eds.), The quest for the presidency. Toronto 1984, S. 408–411.
26 Ebenda, S. 410.
27 Patrick Caddell, What is needed is an indirect approach. In: Peter Goldman/Tony Fuller (Eds.), The quest for the presidency. Toronto 1984, S. 420–426.
28 Lew Kaden, Grant Reagan his good intentions. In: Peter Goldman/Tony Fuller (Eds.), The quest for the presidency. Toronto 1984, S. 430–432.
29 Patrick Caddell, Break him like a witness on the stand. In: Peter Goldman/Tony Fuller (Eds.), The quest for the presidency. Toronto 1984, S. 440–443.
30 Patrick Caddell, Surprise, surprise, surprise. In: Peter Goldman/Tony Fuller (Eds.), The quest for the presidency. Toronto 1984, S. 434.
31 Lew Kaden, Reagan is not in command. In: Peter Goldman/Tony Fuller (Eds.), The quest for the presidency. Toronto 1984, S. 438.
32 Ebenda.
33 Siehe Anm. 29.
34 Ebenda, S. 442.
35 Ebenda.
36 Siehe Anm. 10.
37 Wilson C. McWilliams, The meaning of the election. In: Gerald M. Pomper (Ed.), The election of 1984. Chatham 1985, S. 157–184.
38 Siehe Anm. 12.
39 Ders., The presidential election. In: Gerald M. Pomper (Ed.), The elections of 1984. Chatham 1985, S. 70.
40 Theodor White, Breach of faith. New York 1984
41 Siehe Anm. 11.
42 Ebenda.
43 Siehe Anm. 14.
44 Siehe Anm. 12.
45 Siehe Anm. 14.
46 Astrid Schütz, Versuch der Anwendung des Selbstdarstellungsansatzes auf den US-Präsidentschaftswahlkampf 1984: Theoretische und empirische Analysen. Universität Bamberg: Unveröffentlichte Diplomarbeit 1986
47 Edward E. Jones/Thane S. Pittman, Toward a general theory of strategic self-presentation. In: Jerry Suls (Ed.), Psychological perspectives of the self. Hillsdale 1982, S. 231–263.
48 Siehe Anm. 6.
49 Siehe Anm. 17.
50 Siehe Anm. 47.
51 Barry R. Schlenker, Impression management: The self concept, social identity and interpersonal relations. Monterey 1980
52 Siehe Anm. 23.

53 Kenneth D. Richardson/Robert B. Cialdini, Basking and blasting: Tactics of indirect self-presentation. In: James T. Tedeschi (Ed.), Impression management theory and social psychological research. New York 1981
54 Ebenda.
55 James T. Tedeschi/Marc Riess, Predicaments and verbal tactics of impression management. In: Charles Antaki (Ed.), The psychology of ordinary language explanations of social behavior. London 1981, S. 271–310.
56 Siehe Anm. 6.
57 Siehe Anm. 53.
58 Siehe Anm. 46.
59 Siehe Anm. 31.
60 Siehe Anm. 29.
61 Siehe Anm. 28.
62 Siehe Anm. 25.
63 Ebenda.
64 Siehe Anm. 28.
65 Siehe Anm. 29.
66 Angus Campbell, siehe Anm. 4.
67 Ebenda.
68 Siehe Anm. 37.
69 Siehe Anm. 12.
70 Siehe Anm. 10.
71 John T. Lanzetta/Denis G. Sullivan/Roger D. Masters/Gregory J. McHugo, Emotional and cognitive responses to televised images of political leaders. In: Sidney Kraus/Richard M. Perloff (Eds.), Mass media and political thought: An information processing approach. Beverly Hills 1985, S. 85–112.
72 Siehe Anm. 11.
73 Siehe Anm. 12.
74 Siehe Anm. 37.
75 James W. Ceaser, As good as their words: Reagan's rhetoric. In: Public Opinion Quarterly 7 (1984), S. 10–12.
76 Siehe Anm. 14.
77 Ebenda, S. 18.
78 Siehe Anm. 40.
79 Neil Postman, Wir amüsieren uns zu Tode. Urteilsbildung im Zeitalter der Unterhaltungsindustrie. Frankfurt 1985

3. Selbstdarstellung in der Defensive – Reaktionen in politischen Skandalen

Von Astrid Schütz

»Der Verfasser des Werbebriefes hat in gutem Glauben gehandelt, daß er meine Einwilligung für den Gebrauch der persönlichen Blanko-Unterschriften hatte.« Jürgen W. Möllemann im Dezember 1992 zu Beginn der »Briefbogenaffäre«.

»(Meine Erklärung ist) von unzutreffenden Voraussetzungen (ausgegangen) ... gelogen habe ich nicht!« Möllemann im Januar 1993.

»In der Sache und auch juristisch ist an meinem Briefwechsel mit Lacour nichts zu beanstanden.« ... » Oskar und ich sind nicht erpreßbar.« Reinhard Klimmt im Verlauf der »Rotlichtaffäre«.

»So, wie es formuliert wurde, war es nicht gemeint.« Lothar Kupfer im Januar 1993 über seine Aussagen im Zusammenhang mit ausländerfeindlichen Ausschreitungen in Rostock.

»Keiner soll glauben, daß ich wegen einer solchen Angelegenheit irgendwo zu Kreuze krieche.« Edmund Stoiber im Februar 1993 über Gratisflüge auf Kosten der Firma MBB.

»(Nilius hat) richtiggehend Mist gebaut.« Björn Engholm im März 1993 in der »Schubladen-Affäre«. »In der Absicht, mein Land und meine Partei davor zu bewahren, mit meinem politischen Fehler identifiziert zu werden, werde ich mein Amt als Ministerpräsident und meine Funktionen in der SPD aufgeben.« Engholm im Mai 1993.

»Ungeachtet der unterschiedlichen Auslegungen des Bundesministergesetzes übernehme ich die politische Verantwortung für die Entscheidung der Fachabteilung meines Hauses.« Günther Krause im Mai 1993.

Die Verteidigung bedrohter Selbstbilder

Wenn man bemüht ist, bei Interaktionspartnern einen bestimmten Eindruck zu erzielen und dieser durch eigenes Verhalten oder situative Umstände in Frage gestellt oder beeinträchtigt wird, entsteht eine *peinliche Situation* (»predicament«).[1] Wenn jemand als ehrlich gelten möchte und beim Lügen ertappt wird, wenn jemand geschickt wirken möchte und stolpert, ist solch eine Situation gegeben. Die betroffene Person versucht meist, ihr Ansehen bei anderen zu schützen bzw. wiederherzustellen. Dies wird im Gegensatz zum Aufbau von Selbstbildern (assertive Selbstdarstellung, vgl. Kapitel 1) als *defensive Selbstdarstellung* bezeichnet.[2]

Im Blickpunkt öffentlicher Aufmerksamkeit steht defensive Selbstdarstellung bei *Skandalen*. Unter einem Skandal versteht man die plötzliche Enthüllung verbotenen oder verpönten Tuns, das im krassen Widerspruch zu erwünschten bzw. vorher vermittelten Eindrücken steht.[3] Dabei wird einer prominenten Person meist ein Verhalten vorgeworfen, das den von ihr angestrebten öffentlichen Eindruck drastisch in Frage stellt. So kann das Bekanntwerden eines unreflektierten Ausspruches Zweifel an der Gesinnung, die Nachricht über die Annahme von Bestechungsgeldern Mißtrauen bezüglich der Aufrichtigkeit eines Politikers aufkommen lassen.

Skandale können als Krisensituationen des öffentlichen Ansehens gelten. Ihre Bewältigung schließt meist Formen der Selbstdarstellung ein. Am Beispiel eines aufsehenerregenden Skandals, der Affäre um den ehemaligen schleswigholsteinischen Ministerpräsidenten Uwe Barschel, sollen in diesem Kapitel Varianten defensiver Selbstdarstellung aufgezeigt werden. Als Analyseraster wird zunächst ein Modell defensiver Selbstdarstellung entwickelt, in dem einzelne defensive Reaktionsmöglichkeiten danach unterschieden werden, wieviel belastende Information der Betroffene zugibt.

Selbstdarstellung und Attribution

Erfährt die Öffentlichkeit von zweifelhaften Praktiken, wie beispielsweise unrechtmäßigen Spendentransaktionen, die im Umfeld eines politisch Verantwortlichen geschehen sein sollen, stellt sich die Frage, inwieweit dem betroffenen Politiker hierfür Schuld zugeschrieben werden muß – eine Frage der *Attribution von Verantwortlichkeit und Schuld*. Diese Attributionen können durch geschickte Selbstdarstellung vom Akteur gezielt beeinflußt werden.

Als *Attributionen* werden drei unterschiedliche Begriffsgruppen bezeichnet: 1) Aussagen über Kausalität, 2) Aussagen über Verantwortlichkeit und 3) Aussagen über persönliche Dispositionen.[4] Soweit diese Aussagen selbstbildrelevant sind, kann der Versuch ihrer Beeinflussung als Selbstdarstellung gelten. Dies gilt z. B. dann, wenn man versucht, die Ursachen und Motive für eigenes Verhalten so darzulegen, daß vom Gegenüber günstige Schlüsse gezogen werden.

Defensive Selbstdarstellung

Stufen defensiver Selbstdarstellung

Im folgenden wird ein Stufenmodell defensiver Selbstdarstellung vorgestellt, das unterscheidet, wieviel Verantwortlichkeit bzw. Schuld sich ein Akteur bezüglich eines Ereignisses zuschreibt. Im Modell werden verschiedene in der Literatur genannte Taktiken systematisiert und in eine Rangfolge gebracht.

Es soll von einer typischen Situation für defensive Selbstdarstellung ausgegangen werden, in der einer Person öffentlich wegen eines Ereignisses Vorwürfe gemacht werden. Die beschuldigte Person wird in dieser Situation bemüht sein, die Wahrnehmungen und Attributionen des

Publikums bezüglich des Ereignisses und der eigenen Beteiligung daran so zu beeinflussen, daß sie günstig bzw. weniger ungünstig ausfallen.

Ziele und Grenzen vorteilhafter Selbstdarstellung

Um möglichst gut dazustehen, wird ein Beschuldigter im allgemeinen versuchen, das Ereignis auf äußere Faktoren zurückzuführen. Sieht er sich gezwungen, sich selbst als Verursacher zu beschreiben, wird er das Geschehen als unkontrollierbar oder unabsichtlich darstellen.[5] Mit dieser Strategie schreibt er sich möglichst wenig Verantwortung für das Ereignis zu bzw. zieht möglichst wenig Ärger auf sich.[6]

Solchen selbstwertdienlichen Darstellungen positiver Selbstdarstellung sind jedoch dann Grenzen gesetzt, wenn eine Person Gefahr läuft, der allzu positiven Selbstdarstellung überführt zu werden, z. B. indem die eigenen Angaben durch spätere Ereignisse Lügen gestraft werden. So ist es im Sinne vorteilhafter Selbstdarstellung günstiger, negative Aspekte, die aller Voraussicht nach in Kürze ohnehin bekannt werden oder schon bekannt sind, gleich zuzugeben, statt sie zunächst zu leugnen.[7] Durch solche Eingeständnisse eigener Unzulänglichkeiten erspart man sich peinliche Situationen, wirkt selbstkritisch und bewahrt zumindest den Eindruck von Ehrlichkeit. Wie Untersuchungen zeigen, tendieren Menschen auch dann zur Übernahme von Verantwortung für negative Ereignisse, wenn Rollenerwartungen oder soziale Normen dies vorschreiben (etwa wenn eine Lehrerin die Verantwortung für das Verhalten ihrer Schüler übernimmt).[8]

Die Aufgabe des guten Selbstdarstellers besteht darin, sich für die jeweils angemessene Art der Selbstdarstellung im Spannungsfeld zwischen Machbarkeit und Wünschbarkeit zu entscheiden. In Abstimmung mit den Möglichkeiten der Situation (was ist bekannt/wird bekannt werden?) und den Interaktionspartnern (was halten sie für plausible und gerechtfertigte Erklärungen?) gilt es, sich von dem Makel eines negativen Geschehnisses reinzuwaschen und dabei die gerade noch glaubwürdige, aber doch möglichst vorteilhafte Form der Selbstdarstellung zu wählen.

Ein Stufenmodell

Ein Ereignis kann als um so bedrohlicher für das positive Selbstbild einer Person bezeichnet werden, je *negativer* es ist und je mehr die Person mit dem Ereignis in *Verbindung* gebracht wird.[9] Bei der Antwort von Person A auf den Vorwurf, sie habe ein negatives Ereignis X verursacht, können also grundsätzlich zwei Bereiche unterschieden werden: 1. Aspekte des *Ereignisses* selbst: die Faktizität und die Negativität eines Ereignisses und 2. die Verbindung von Person A mit dem Ereignis: die *Verursachung* des Ereignisses und die Frage der Schuld, die Person A dafür zugeschrieben werden kann. Im zweiten Bereich werden Fragen der Attribution von Verantwortung berührt.

Beide Bereiche lassen sich in weitere Aspekte unterteilen. Man kann so sieben Fragen zur selbstbildschädigenden Wirkung des Ereignisses für die Person formulieren. Die entsprechenden Fragen sind im folgenden so angeordnet, daß ihre Bejahung von oben nach unten jeweils bedeutet, daß die Person immer mehr Eingeständnisse macht und immer mehr persönliche Schuld am betreffenden Ereignis akzeptiert. Mit ihrer defensiven Reaktion äußert sie sich zum Ausmaß ihrer Verantwortung für das Ereignis und beantwortet damit quasi die hypothetischen Fragen. Defensive

Reaktionen können so anhand der jeweils enthaltenen Zugeständnisse unterschieden werden.

1. Hat das Ereignis überhaupt stattgefunden?
2. Ist es negativ zu werten?
3. Hat die Person das Ereignis direkt oder indirekt verursacht?
4. Ist ihr dafür Schuld zuzuschreiben, oder war ihr Verhalten unter den gegebenen Umständen notwendig oder richtig?
5. Ist sie voll verantwortlich zu machen? War sie im Vollbesitz ihrer geistigen und körperlichen Kräfte? Waren die Konsequenzen vorhersehbar und beabsichtigt?
6. Können wir vom fraglichen Verhalten Rückschlüsse auf ihren Charakter ziehen? Ist dieses Verhalten typisch für sie?
7. Sieht sie ihren Fehler ein, bereut sie das Verhalten und entschuldigt sie sich?

Aus den sieben Fragen zur Schuld einer Person an einem Ereignis läßt sich ein Stufenmodell defensiver Taktiken ableiten, in dem die einzelnen Taktiken so geordnet sind, daß sie zunehmend mehr Eingeständnisse (bzw. Bejahung der Fragen) beinhalten. Im folgenden sind die verschiedenen Möglichkeiten einer beschuldigten Person angeführt, auf einen ihr gemachten Vorwurf zu reagieren. Von oben nach unten gelesen nimmt bei den einzelnen Taktiken das Ausmaß zu, in dem Eingeständisse hinsichtlich der eigenen Schuld gemacht werden.

Die hier unterschiedenen Stufen defensiver Selbstdarstellung sollen weder als zwingend alternative Reaktionen noch als notwendige Handlungsabfolge nach einem Vorwurf verstanden werden. Sie bieten lediglich die Möglichkeit, defensive Reaktionen systematisch einzuordnen. Bei der Reaktion auf einen Vorwurf ist es möglich, daß entwe-

Stufen defensiver Selbstdarstellung

Taktik		Kernaussage
Leugnen	→	Das Ereignis hat nicht stattgefunden!
↓		
Umdeuten	→	Das Ereignis ist nicht negativ zu werten!
↓		
Urheberschaft bestreiten	→	Ich habe das Ereignis nicht verursacht!
↓		
Rechtfertigen	→	Es war richtig oder unumgänglich, so zu handeln!
↓		
Kontrollfähigkeit bestreiten (mildernde Umstände nennen)	→	Ich habe die negativen Konsequenzen nicht beabsichtigt!
↓		
Etikettierung verhindern	→	Das Verhalten ist nicht typisch für mich!
↓		
Um Verzeihung bitten	→	Es tut mir leid. Es wird nicht wieder vorkommen!

der nur eine einzige der Reaktionen gezeigt wird oder daß im Verlauf der Zeit – z. B. dann, wenn allmählich immer mehr belastende Details bekannt werden – schrittweise immer mehr Fehler eingestanden werden. Auch beim Aufeinanderfolgen verschiedener Taktiken ist nicht von einem notwendigen Durchlaufen *aller* Stufen auszugehen: Nach anfänglichem Leugnen ist durchaus ein Eingeständnis der eigenen Schuld ohne weitere Rechtfertigungsversuche möglich. Schließlich ist denkbar, daß verschiedene Taktiken miteinander kombiniert werden.

Die fünf Stufen defensiver Selbstdarstellung werden im folgenden ausführlicher dargestellt:

ad 1. Leugnen
Die Person streitet ab, daß das Ereignis, das ihr zur Last gelegt wird, stattgefunden hat. Das Leugnen soll als unabhängig vom tatsächlichen Wahrheitsgehalt der Aussage verstanden werden: Wenn jemand »leugnet«, heißt das nicht notwendigerweise, daß er lügt. Die Aussage kann zusammengefaßt werden als: *Das Ereignis hat nicht stattgefunden*. Ein Beispiel für diese Taktik ist: »Ich habe das nie gesagt!« Auch das Abstreiten eines vom jeweiligen Fragesteller angenommenen Sachverhalts fällt in diese Kategorie: Wenn z. B. ein Politiker gefragt wird, warum er Sozialleistungen gekürzt hat, und er sagt: »Es hat keine Kürzungen gegeben!«

Eine breiter definierte ähnliche Reaktion nennen andere Autoren »Verteidigung der Unschuld« bzw. »Vorwürfe abstreiten«.[10] Hierbei sind Antworten eingeschlossen, die entweder abstreiten, daß das Ereignis in dieser Form stattgefunden hat, oder behaupten, daß die betreffende Person das Ereignis nicht verursacht hat (vgl. Stufe 3 unten).

ad 2. Umdeuten
Der Betreffende sagt, ein Ereignis habe zwar stattgefunden, sei aber anders zu bewerten: »Es war nicht so, sondern anders!« Je nach eigenem Standpunkt kann die Taktik auch als »Richtigstellen« verstanden werden. Kernaussage ist: *Das Ereignis ist nicht »negativ« zu werten*. Ein Beispiel für diese Taktik ist, wenn ein Politiker auf die Frage, warum terroristische Aktivitäten in anderen Ländern finanziert werden, betont, daß es sich bei den unterstützten Personen nicht um Terroristen, sondern um Freiheitskämpfer handle.

Diese Kategorie überschneidet sich teilweise mit der Kategorie »It wasn't so bad«, wie sie von dem amerikanischen Psychologen C.R. Snyder beschrieben wurde. Ebenfalls in die Kategorie »Umdeuten« gehört der »Vergleich nach unten« (downward comparison principle)[11] oder der »horizontale Vergleich.«[12] Beim Vergleich nach unten stellt man eigenes Verhalten als weniger negativ hin, indem man feststellt, daß Dritte noch negativer handeln. Beim horizontalen Vergleich wird eigenes Verhalten dadurch gerechtfertigt, daß dieses Verhalten ja »ganz normal« sei, da viele Menschen sich in ähnlichen Situationen genauso verhalten. Hier wird das attributionstheoretische Prinzip des Konsensus genutzt.[13]

ad 3. Urheberschaft bestreiten
Die beschuldigte Person sagt, das negativ zu wertende Ereignis habe stattgefunden, sie selbst habe es jedoch nicht verursacht. Zentrale Aussage ist: *»Ich hab's nicht getan!«* Diese Behauptung wird u.U. dadurch gestützt, daß man einen Sündenbock nennt, der für das fragliche Ereignis verantwortlich gemacht wird. Beispiel: Ein Politiker bestreitet, daß die Politik seiner regierenden Partei für die steigende Inflation verantwortlich sei. Er argumentiert statt dessen, es handle sich um Folgelasten der vorausgegangenen Regierung, und erscheint so als unschuldig, ja gar als Opfer einer fremdverschuldeten Entwicklung.

Die hier angesprochene Tendenz der Assoziation mit Positivem und der Distanzierung von Negativem[14] kann sich auch in der Identifikation mit Gruppen äußern, z. B. in der Tendenz, sich mit einer erfolgreichen Fußballmannschaft zu identifizieren (»Wir haben gewonnen!«), sich nach einem Mißerfolg aber zu distanzieren (»Die haben verloren!«)[15]. »Urheberschaft bestreiten« entspricht in etwa der Kategorie »I didn't do it«.[16] Taktiken der Kategorie »Verantwortung ablehnen« sind: sich distanzieren (»CORFing = cutting off reflected failure«[17], Sündenbocksuche (»blaming«)[18], Verursachung leugnen (»denial of agency«)[19].

ad 4. Rechtfertigen
Der Beschuldigte gibt zu, ein negatives Ereignis verursacht zu haben, betont aber, dieses Verhalten sei unter den gegebenen Umständen notwendig oder unausweichlich gewesen. Zentrale Aussage dieser Stufe ist: *»Es war notwendig.«* So kann zum Beispiel eine unbeliebte Maßnahme damit begründet werden, daß man sagt: »Es ist nur zu deinem/eurem Besten!« In diese Kategorie fällt die Berufung auf Sachzwänge, aber auch die Rechtfertigung einer Handlung durch andere, gewichtigere Gründe (»justification«).[20]

ad 5. Kontrollfähigkeit bestreiten
Die Person behauptet, für ihr Verhalten nicht voll zur Verantwortung gezogen werden zu können, da sie wegen ihrer körperlichen oder seelisch-geistigen Verfassung nicht in der Lage gewesen sei, ihr Verhalten zu kontrollieren oder die Konsequenzen vorherzusehen. Die Person macht insofern »mildernde Umstände« geltend. Das Verhalten sei z. B. durch Affekt oder Alkohol bedingt gewesen, es handele sich um ein Versehen usw., also um nichtintentionales oder um unkontrollierbares Verhalten. Insofern könnten daraus *keine Rückschlüsse* auf sie als Person gezogen werden. Zentrale Aussage dieser Kategorie ist: *»Ich kann nichts dafür!«* bzw. *»Das wollte ich nicht!«* Die Kategorie entspricht in etwa der Kategorie »Yes, but ...« bei Ch. R. Snyder.[21] Einschränkend ist zu bemerken, daß durch den habituellen Gebrauch dieser Taktik bei Interaktionspartnern unvorteilhafte Eindrücke entstehen können (z. B. »Alkoholiker« oder »Tolpatsch«).

ad 6. Etikettierung verhindern
Ein Betroffener akzeptiert die Verantwortung für das negativ bewertete Ereignis X und kann sein Verhalten auch nicht rechtfertigen. Um die selbstbildschädigende Wirkung des Ereignisses dennoch so gering wie möglich zu halten, kann er betonen, es handle sich um ein »Ausnahmeverhalten«. Er habe sich in anderen Situationen und zu anderen Zeitpunkten anders verhalten (Konsistenz verringern, Distinktheit erhöhen).[22] Diese Darstellung kann dazu verhelfen, daß das Verhalten weniger auf Eigenschaften der Person als auf situative Umstände zurückgeführt wird.

ad 7. Um Verzeihung bitten
Die Person übernimmt die volle Verantwortung für ein Ereignis und entschuldigt sich: *»Es tut mir leid!«* Sie mag sich dafür entscheiden, keinerlei »mildernde Umstände« anzuführen, um dann zwar die volle Last für das Ereignis zu tragen und statt dessen ihren Ruf als verantwortungsbewußte und ehrliche Person nicht durch die Tatsache zu gefährden, daß die Öffentlichkeit den Eindruck gewinnt, sie wolle sich »herausreden«.

Ergänzende Selbstdarstellungstaktiken

Eine weitere mögliche Reaktion in peinlichen Situationen ist *Schweigen.* Schweigen kann als defensive Taktik verstanden werden, wird aber bisher in der wissenschaftlichen Diskussion nicht als solche berücksichtigt. Typisch für diese Reaktion ist, daß eben *»nicht* reagiert« wird. Beim Bekanntwerden eines negativen Ereignisses, für das eine Person oder Organisation die Verantwortung trägt, gibt diese Person oder Organisation nicht zu erkennen, damit etwas zu tun zu haben. Auf die Frage: »Wer war das?« erfolgt keine Antwort. Diese Taktik, die noch vor den oben beschriebenen defensiven Stufen einsetzen kann, ist dann besonders effektiv, wenn die fragliche Person oder Organisation nicht schon von vornherein der Urheberschaft an dem Ereignis verdächtigt wird. Aber auch im Verlauf von Affären kann häufig beobachtet werden, daß sich ein betroffener Politiker etwa nach anfänglichem Leugnen zurückzieht und gar keine öffentlichen Stellungnahmen mehr abgibt.

Defensive Selbstdarstellung auf den verschiedenen Stufen kann zusätzlich durch die Taktik *Abwertung der Quelle der Kritik* unterstützt werden. So kann man sich gegen Vorwürfe oder Kritik auch verteidigen, indem man sie als unsachlich, unqualifiziert oder unlauter darstellt, um sie so unglaubwürdig zu machen. Eine ähnliche Funktion hat die Verteidigung durch *Gegenangriff*: Auf einen Vorwurf reagiert man mit einem Vorwurf gegen die angreifende Person und hofft, daß diese dann mit der eigenen Verteidigung so beschäftigt ist, daß sie nicht mehr auf ihrem ursprünglichen Anliegen insistieren kann.

Kombinationen und Abfolgen mehrerer Stufen

Die defensiven Taktiken können in unterschiedlichen Abfolgen und Kombinationen genutzt werden. Es wäre absurd, ein Ereignis schon zu rechtfertigen, dessen Existenz man noch leugnet. Allerdings kann nach anfänglichem Leugnen ein Teileingeständnis mit Rechtfertigungen folgen. Es ist weiter möglich, daß jemand etwa die Verantwortlichkeit für sein Tun ablehnt, da er betrunken gewesen sei. Um aber zu vermeiden, als unzuverlässiger Trinker gesehen zu werden, mag er gleichzeitig betonen, daß so etwas noch nie vorgekommen sei, daß es ihm leid tue und auch nicht wieder vorkommen werde.

Folgende Varianten sind denkbar. 1) Eine Person behält auf einen Vorwurf hin ein- und dieselbe defensive Reaktion bei. 2) Eine Person verändert ihr defensives Verhalten und gibt mehr und mehr zu, weil etwa immer weitere belastende Informationen bekannt werden. 3) Eine Person reagiert auf verschiedene Aspekte eines Vorwurfes mit verschiedenen defensiven Taktiken gleichzeitig. Um nicht unglaubwürdig zu werden, muß sie in diesem Fall streng auf eine in sich stimmige Aussage achten. Dieses Problem wird im folgenden frei erfundenen Beispiel ins Extreme persifliert:

> Herr X antwortet auf die Frage, warum er Herrn Y zusammengeschlagen habe: »Es gab gar keine Schlägerei, falls doch, handelte es sich um Notwehr. Ich war es aber nicht, und wenn doch, war es aber nur zu seinem Besten, um ihn von Unsinn abzuhalten. Ich hätte allerdings sowieso nichts dafür gekonnt, denn ich hätte im Affekt gehandelt. Davon abgesehen tue ich so etwas normalerweise nicht, und leid tut es mir auch!«

Welche defensive Taktik in einem konkreten Fall eingesetzt wird, hängt außer von Merkmalen des Akteurs von den Möglichkeiten der jeweiligen Situation ab, z. B. der Vorinformation des Publikums. Im Sinne vorteilhafter Selbstdarstellung wird ein Akteur im allgemeinen bemüht sein, möglichst wenige Eingeständnisse zu machen. Gleichzeitig wird er jedoch darauf achten, die Aspekte des Vorwurfs einzugestehen, die dem Publikum ohnehin schon bekannt sind (oder die wahrscheinlich in Kürze bekannt werden), um so weitere Glaubwürdigkeitsverluste zu vermeiden. So mag es effektiv sein, Ereignisse zu leugnen, die schwer nachprüfbar sind, Geschehnisse umzudeuten, die verschieden interpretiert werden können, oder eigene Urheberschaft zu bestreiten, wo diese kaum nachweisbar ist.

Andererseits ist damit jeweils das Risiko verbunden, widerlegt zu werden und entsprechende negative Konsequenzen tragen zu müssen. Insofern kann die Entscheidung für defensive Selbstdarstellung auf einer bestimmten Stufe als Balanceakt zwischen den Zielen gesehen werden, einerseits möglichst gut dazustehen, andererseits noch glaubwürdig zu bleiben (vgl. Kap. 1). Eine derartig strategische Planung des eigenen Auftretens ist jedoch besonders bei starker emotionaler Beteiligung schwer durchzuhalten.

Die defensive Selbstdarstellung Uwe Barschels

Der Fall Barschel eignet sich zur Analyse von Selbstdarstellungstaktiken deswegen, weil die Aussagen Barschels gut dokumentiert sind und das Bekanntwerden immer neuer belastender Informationen eine gewisse Dynamik in die Affäre brachte. Zur Illustration defensiver Reaktionen sollen hier nur die Aussagen Uwe Barschels analysiert werden, wenngleich neue Erkenntnisse Zweifel daran aufkommen lassen, ob in dieser Affäre die CDU »nur Täter«, die SPD »nur Opfer« war. (vgl. z. B. Die Woche, 12, 1995, S. 6, Süddeutsche Zeitung, 31. 10. 1995, S. 1) Ziel der Analyse ist nicht die Wahrheitsfindung in dieser verstrickten Affäre, sondern die Illustration defensiver Reaktionen.

Barschel reagierte im Verlauf der Affäre mit sich steigernden Formen defensiver Selbstdarstellung. Durchgängig war in seinen Aussagen aber folgendes Prinzip: Er versuchte jeweils, soviel wie noch möglich zu retten. Als »roter Faden« in der defensiven Selbstdarstellung Barschels kann insofern gelten: Leugnen, soweit möglich, Eingeständnisse machen, soweit unumgänglich. Durch das Bekanntwerden immer neuer skandalträchtiger Informationen entwickelte sich so ein stufenartiger Einsatz defensiver Formen mit einem immer größer werdenden Anteil an Eingeständnissen. Unter dieser Perspektive sehe ich vier Phasen der »Kieler Affäre«, die ich im folgenden beschreibe.

Erste Phase: Offensive Abwertung

Ereignisse:
Am 7.9.1987 veröffentlichte ›Der Spiegel‹ einen Artikel über Unregelmäßigkeiten im schleswig-holsteinischen Wahlkampf. Darin hieß es, Engholm sei observiert worden; außerdem sei unter Bruch des Steuergeheimnisses versucht worden, Engholm mit einer anonymen Steueranzeige in Mißkredit zu bringen.

Defensive Reaktionen:
Auf diese Vorwürfe reagiert Barschel auf zwei verschiedenen Ebenen: 1) *Angriffe gegen die Quelle der Kritik*, gegen den ›Spiegel‹: Die Vorwürfe werden abgewertet, indem er sie als »Kombination aus Behauptungen, Vermutungen und Verdrehungen« bezeichnet.[23] Barschel unterstellt dem ›Spiegel‹ unlautere Motive, was dazu dienen kann, den Vorwürfen ihre Glaubwürdigkeit zu entziehen: »In diesem Landtagswahlkampf spielen einige wenige Hamburger Presseerzeugnisse in moralisch verwerflicher Weise die Rolle des SPD-Wahlkampfhelfers.«[24] 2) *Leugnen bzw. Urheberschaft bestreiten*: Barschel dementiert die Vorgänge bzw. distanziert sich von ihnen: »Sollte es zutreffen, daß Herr Engholm – wie auch immer – überwacht worden ist, so verurteilt die CDU, verurteile ich das auf das Entschiedenste.«[25] Barschel bezweifelt also einerseits den Wahrheitsgehalt der Vorwürfe und versucht damit, sie zu

entwerten. Quasi vorbeugend, etwa für den Fall, daß die Vorwürfe erhärtet werden, bestreitet er aber gleichzeitig, irgend etwas mit der Angelegenheit zu tun zu haben.

Zweite Phase: Opfer von Verleumdungen

Ereignisse:
Am 9. 9. 1987 gibt Barschels ehemaliger Medienreferent Pfeiffer eine eidesstattliche Erklärung ab, in der er schwere Vorwürfe gegen Barschel erhebt. Diese beinhalten unter anderem, daß Barschel ihn mit der Erstattung einer anonymen Steueranzeige gegen den damaligen Oppositionsführer Björn Engholm und mit dessen Beschattung beauftragt habe. Diese und andere Vorwürfe werden in der ›Spiegel‹-Ausgabe vom 14. 9. abgedruckt. Öffentlich bekannt werden sie allerdings schon am 12. 9., dem Tag vor der Landtagswahl.

Jahre später kommen Zweifel auf, ob Barschel Urheber der Machenschaften Pfeiffers war. Nach den Erkenntnissen des Schubladen-Untersuchungsausschusses, der die Beteiligung der SPD an der Affäre untersuchte, gibt es für eine Mitwisserschaft Barschels nur Anhaltspunkte. Beweise gebe es lediglich für Barschels politische Verantwortung (Süddeutsche Zeitung, 31. 10. 1995, S. 1).

Defensive Reaktionen:
Am 12. 9., dem Tag vor der Landtagswahl, nimmt Barschel im ›ZDF-Länderspiegel‹ zu den Vorwürfen Stellung. Er *wertet die Quelle der Kritik ab* und stellt sich als Opfer einer Verleumdungskampagne dar: »All diese Vorwürfe sind im Grunde so absurd, daß mir die Worte fehlen.« (12. 9., Pressekonferenz) »Ich habe den Eindruck, daß hier wenige Stunden vor ... Öffnung der Wahllokale eine Kampagne gegen mich gestartet wird, gegen die ich mich praktisch jetzt

gar nicht mehr wehren kann. ... Diejenigen, die das inszeniert haben, wollen sicher, daß die Wahl davon beeinflußt wird. ... Ich habe zu Herrn Pfeiffer doch nur einen sehr oberflächlichen Kontakt.« (›ZDF-Länderspiegel‹, 12. 9.)

Dieses Verhalten setzt Barschel in der folgenden Woche fort: »Das Kartenhaus an Lügen des ›Spiegel‹ und des Herrn Pfeiffer wird kläglich zusammenbrechen.« (ZDF-Interview, 13. 9.) »Ich komme jetzt doch zu dem Ergebnis, daß eine regelrechte Kampagne gegen mich läuft.« (›Tagesschau‹, ARD, 15. 9.) »... daß ich zunächst einmal Einblick bekomme in diese ominöse, sogenannte eidesstattliche Erklärung von Herrn Pfeiffer.« (›Tagesthemen‹, ARD, 15. 9.) Barschel zeigt Pfeiffer dann wegen übler Nachrede an.

In bezug auf seine eigene Person ist Barschel bemüht, *Moralität darzustellen* (exemplification). So bezeichnet er »politischen Anstand« als »unser aller Ziel«.[26] Über die Floskel »unser aller« wird gleichzeitig *Gemeinsamkeit* hergestellt, eine Ausgrenzung Barschels soll vermieden werden. Indem er erklärt, die Vorwürfe zu entkräften, demonstriert Barschel Ehrlichkeit: »Ich werde alles in meinen Kräften Stehende tun, um so schnell wie möglich jeden auf mir ruhenden Verdacht auszuräumen, damit endlich der politische Alltag in Schleswig-Holstein einkehrt. Es ist unerträglich, in dieser Weise die politische Kultur im Lande Schleswig-Holstein beschädigt zu sehen.« (CDU-Informationsdienst ›Union in Deutschland‹, 16. 9.) »... daß ich in politisch geeigneter Form und in juristisch geeigneter Form Punkt für Punkt alles das, was da gegen mich behauptet worden ist, entkräfte.« (ZDF-Interview, 13. 9.)

Dem Vorwurf, er hätte Engholm durch die Firma Piel beschatten lassen, begegnet Barschel, indem er jegliche Verursachung des Vorfalls ablehnt. »Ich kenne weder diesen Vorwurf, noch habe ich so einen Auftrag gegeben. Ich bin sprachlos.« (›ZDF-Länderspiegel‹, 12. 9.)

Den von Pfeiffer erhobenen Vorwürfen in Zusammenhang mit der anonymen Anzeige gegen Engholm widerspricht Barschel (*Leugnen*): »Die Behauptung, ich hätte ihn beauftragt, die Steuerunterlagen des Oppositionsführers Engholm durchzuprüfen ... sind frei erfunden – ich möchte hier auf schleswig-holsteinisch sagen, erstunken und erlogen.« (›ZDF-Länderspiegel‹, 12. 9.) Barschel dementiert, daß ein Notizzettel, der diesen Vorwurf belegen soll, von ihm stammt: »Und das soll meine Handschrift sein? Wo soll denn so was herkommen überhaupt? Ich wüßte gar nicht, wann ich das aufschreiben sollte.« (›ZDF-Länderspiegel‹, 12. 9.)

Dritte Phase: Offenheit und Ehrlichkeit demonstrieren

Ereignisse:
In Interviews weitet Pfeiffer die Vorwürfe gegen Barschel aus. Er habe im Auftrag Barschels daran gearbeitet, die Führung der UWSH (Unabhängige Wählergemeinschaft Schleswig-Holstein) unter Druck zu setzen und zu entzweien.

Defensive Reaktionen:
Am 18. 9. weist Barschel unter Vergabe seines Ehrenwortes in einer dreieinhalbstündigen Pressekonferenz die von Pfeiffer erhobenen Vorwürfe zurück. Eidesstattliche Erklärungen von Barschel selbst, seiner Frau und einigen Mitarbeitern sollen seine Aussage stärken.

Auf dem Weg zur Pressekonferenz bezeichnet Barschel sich wörtlich als »durchtragen von einem Gefühl der Sicherheit« und spricht von einem »reinen Gewissen«. (Der Spiegel, 39, 1987, S. 24) Die Pressekonferenz war angelegt als *Selbstenthüllung*, in der Barschel sich »schonungslos offenlegen« wollte. (ebenda) Offenlegungen dieser Art können Sympathien und Glaubwürdigkeit schaffen, da hier gezeigt wird, daß man »nichts zu verbergen« hat.[27] Auf der Pressekonferenz am 18.9.1987 gibt Barschel sein Ehrenwort darauf, daß die gegen ihn erhobenen Vorwürfe haltlos seien. Auch dies kann unter »Moralität darstellen« subsumiert werden.

Barschel *distanziert* sich weiterhin von Pfeiffer, indem er einen engen Kontakt abstreitet: »Pfeiffer hat nie Sonderaufträge bekommen ... Pfeiffer wurde nie anders behandelt als jeder andere Mitarbeiter auch.«

Darüber hinaus wertet Barschel Pfeiffer wie den ›Spiegel‹ als *Quelle der Kritik* ab: »Pfeiffer oder auch andere Verleumder«, »Ich habe den Eindruck, daß hier in einer ... außerordentlich merkwürdigen Methode Belastungsmaterial des ›Spiegel‹ gegen mich ... in quasi detektivischen Schnüffelmethoden zusammengetragen werden soll, um mich politisch, existentiell und psychisch zugrunde zu richten.« (Pressekonferenz, 18.9.)

Barschel *leugnet* dabei weiterhin, daß es einen Bruch des Steuergeheimnisses gegeben habe: »Ich habe zu keinem Zeitpunkt Einblick in die Steuerakten von Oppositionsführer Engholm gehabt«; »Das Finanzministerium hat mitgeteilt, daß es einen Bruch des Steuergeheimnisses im Fall Engholm nicht gegeben hat.« (Eidesstattliche Erklärung, 17.9.) Inzwischen ist andererseits nicht mehr zu leugnen, daß der oben angeführte handschriftliche Vermerk mit verschiedenen Zahlenangaben von ihm selbst stammt. Jedoch *deutet* Barschel die Bedeutung des Zettels *um*: Der Zettel habe nicht für eine anonyme Anzeige gedient, sondern für eine Podiumsdiskussion oder einen ähnlichen Zweck; »Zu welchem Zweck der ... augenscheinlich von mir handschriftlich stammende Notizzettel mit den Bezügen des Ministerpräsidenten, der Minister und des Oppositionsführers gefertigt worden ist, kann ich heute nicht mehr definitiv genau sagen. Ich habe dafür zwei Erklärungen ...« (Eidesstattliche Erklärung, 17.9.); »Notizen über Steuerzahlungen finden sich in diesem Vermerk nicht.« (Pressekonferenz, 18.9.)

Barschel kann nicht mehr abstreiten, daß bestimmte Ereignisse (z.B. die Beschattung Engholms) stattgefunden haben. Er bestreitet aber, daß sie in seinem Auftrag geschehen seien, streitet also die *Urheberschaft* der Ereignisse ab: »Es trifft nicht zu, daß ich Herrn Pfeiffer oder irgendeinem Dritten den Auftrag gegeben habe, den Oppositionsführer Björn Engholm durch ein Detektivbüro ... bespitzeln zu lassen.« (17.9. Eidesstattliche Erklärung) Er betont, » ... daß es keinen Auftrag gegeben hat, insbesondere nicht von mir an Herrn Pfeiffer, Herrn Engholm zu observieren«; »Ich habe davon überhaupt nichts gewußt, sondern habe von diesem Tatbestand erst Kenntnis erlangt am 7. September durch die Spiegel-Veröffentlichung«; »Herrn Piel oder einen Angehörigen seiner Firma habe ich noch nie gesehen oder gesprochen.« (Pressekonferenz, 18.9.)

Wenige Tage vor seinem Rücktritt sagt Barschel, daß Pfeiffer »nicht im Interesse der CDU tätig gewesen sei, sondern beabsichtigt habe, im Interesse einer hinter Pfeiffer steckenden Zeitung einen Führungswechsel in Schleswig-Holstein herbeizuführen«.[28] Pfeiffer wird dabei als zwielichtige Person beschrieben, die sich »nach Wallraff-Methoden einschleicht«... »Ja, ich würde doch sagen, daß er (Pfeiffer) sich eingeschlichen hat, denn er hat über sein Vorleben falsche Angaben gemacht. Es ist in keiner Weise bekannt gewesen, daß er vorbestraft ist ..., dann wäre er nicht eingestellt worden.« (Interview im ›NDR-Abendkurier‹, 23.9.) All diese Aussagen können als *Distanzierung* von Pfeiffer interpretiert werden.

Barschel stellt weiterhin Moralität dar und zeigt sich selbst dabei als *Opfer* einer Verschwörung: »Ich lasse mich nicht zermürben, das soll jeder wissen, denn ich habe ein reines Gewissen« (23. 9., ›Heute-Journal‹); »Mir tut Herr Engholm, mir tut seine Familie leid. Auch sie ist in die Schlagzeilen geraten. Ich werde alles tun, was ich tun kann, dies zu reparieren – auch wenn ich durch persönliches Tun nichts beschädigt habe.« (24. 9., ›Bunte‹-Interview).

Vierte Phase: Distanzierung

Ereignisse:
Weitere Informationen werden bekannt, durch die Barschel immer stärker belastet wird.

Defensive Reaktionen:
Eine Woche, nachdem er sein Ehrenwort gegeben hat, kündigt Barschel seinen Rücktritt an und übernimmt damit die *politsche Verantwortung* für die Vorgänge in seiner Staatskanzlei. Jede *persönliche Verantwortung* lehnt Barschel jedoch ab (Urheberschaft bestreiten) und stellt Pfeiffer als *Sündenbock* dar: »Der ehemalige Zeitangestellte in der Pressestelle der Landesregierung hat schwere Verfehlungen, vielleicht sogar Straftaten begangen. ... Die Behauptungen Pfeiffers gegen mich dürfen nicht wiederholt werden. Es bleibt die Tatsache, daß die Taten Pfeiffers aus der Pressestelle der Landesregierung heraus begangen wurden. Dafür übernehme ich die politische Verantwortung, obwohl sie ohne mein Mitwirken und auch ohne mein Mitwissen geschehen sind.« (Rücktrittserklärung, 25. 9.) Darüber hinaus ist Barschel weiterhin bemüht, *Moralität* darzustellen, indem er sich als verantwortungsbewußter Vorgesetzter und Landesvater zeigt: »Aber ich lehne es ab, die Verantwortung auf Mitarbeiter der Pressestelle abzuwälzen. ... Inzwischen bin ich nach reiflicher Überlegung zu der Einsicht gelangt, daß ich diesem Wunsch meiner

Partei nicht länger folgen darf, weil das Wohl Schleswig-Holsteins meinen Rücktritt gebietet.« (Rücktrittserklärung, 25. 9.)

Weiterhin ist Barschel bemüht, durch *Abwertung* Pfeiffers als Quelle der Kritik den Vorwürfen ihre Glaubwürdigkeit zu nehmen. Hierunter fallen etwa folgende Aussagen: »Pfeiffer ist verrückt«; Bezeichnung Pfeiffers als »Individuum«; Deklarierung der Vorwürfe als »Lügenmärchen« und »plumpe Erfindungen« (Der Spiegel, 42, 1987, S. 22). Barschel kündigte auch an, er werde nicht eher ruhen, als bis »dieser Mann (Pfeiffer) hinter Gittern sitzt«. (Der Spiegel, 41, 1987, S. 32) Barschels Anwalt bezeichnet seinen Mandanten dagegen, ganz im Sinne der Moralitätsdarstellung (»exemplification«), als »angesehenen Politiker«, dessen »Persönlichkeitsbild« seit »Jahrzehnten« von »Lauterkeit und Integrität« geprägt sei. (Der Spiegel, 42, 1987, S. 22)

Im folgenden verliert Barschel enorm an *Glaubwürdigkeit*. Nach dem Koalitionspartner FDP geht zunehmend auch Barschels eigene Partei auf Distanz. Das ZDF kommentiert, Barschels Ehrenwort sei keinen Pfifferling mehr wert. (Der Spiegel, 43, 1987, S. 20) Am 7. Oktober beantragt die Staatsanwaltschaft die Aufhebung der parlamentarischen Immunität Barschels. Während Barschel in Urlaub ist, beschließt die CDU-Landtagsfraktion, die Lage mit Barschel zu erörtern und ihn zum Verzicht auf sein Mandat zu bewegen. (ebenda) Barschel verläßt den Urlaubsort und wird am 11. 10. 1987 in Genf tot aufgefunden. Daraufhin verändert sich die Stimmung in der Bevölkerung. Während vorher die Kritik an Barschel vorherrschte, scheint jetzt das *Mitleid* zu überwiegen. Barschel wird mancherorts als Opfer allzu »schonungsloser« Medienberichterstattung bzw. fehlenden Rückhaltes in der Partei dargestellt. Barschel sei »in den Tod getrieben worden«[29]. Die Frage, ob es sich um einen als Selbstmord getarnten Mord oder um einen als

Mord getarnten Selbstmord handelt, beschäftigt die Medien immer noch.

Barschels Verhalten im Verlauf des Skandals kann im Rahmen des Stufenmodells defensiver Selbstdarstellung wie folgt zusammengefaßt werden. Von den oben beschriebenen Formen defensiver Selbstdarstellung waren in Barschels Verhalten die Stufen eins bis drei zu identifizieren. Mehrere der ihm vorgeworfenen Ereignisse versuchte er zunächst ganz abzustreiten (*Leugnen*). Dann folgten Bemühungen, die Negativität der Ereignisse abzumildern, sich z. B. ebenfalls als Opfer einer Bespitzelungskampagne darzustellen (*Umdeuten*). Als unbestreitbar war, daß bestimmte unlautere und illegale Wahlkampfpraktiken in der Kieler Staatskanzlei durchgeführt oder organisiert worden waren, war es unumgänglich, die politische Verantwortung zu übernehmen. Dabei lehnte Barschel jedoch weiterhin jede persönliche Verantwortung ab, indem er sich von Pfeiffer distanzierte und diesen als Sündenbock präsentierte. Sich selbst bezeichnete er in diesem Zusammenhang als das Opfer einer Verschwörung. Bis zum Schluß versuchte Barschel, seine persönliche Integrität zu retten. Ergänzend wertete Barschel durchgehend die Quellen der Kritik ab und betonte eigene Moralität.

Wie schon eingangs erwähnt, ist es in diesem Rahmen nicht möglich, die Wahrheit über die verwickelten Vorfälle aufzudecken oder zu prüfen, inwieweit die Aussagen Barschels der Wahrheit entsprachen. Seine Äußerungen wurden hier lediglich als besonders elaborierte Beispiele defensiver Selbstdarstellung dargestellt.

Barschel als Unglücksfall im Regelfall des Skandals

Ich meine weder, daß das Verhalten Barschels als typisch für die Selbstdarstellung von Politikern im Verlauf einer Affäre gelten kann, noch daß es besonders geschickt war. Vielmehr war es ungünstig, daß Barschel Fakten beharrlich leugnete, die später bewiesen wurden. Es zog beispielsweise enorme Glaubwürdigkeitsverluste nach sich, daß er bestritt, einen Notizzettel mit Angaben über Einkünfte Engholms verfaßt zu haben, was dann aber nachgewiesen werden konnte. »Leugnen« kann insofern als Taktik bezeichnet werden, die zwar bei unüberprüfbaren Ereignissen vorteilhaft sein mag, die aber große Risiken birgt, wenn der Akteur der Lüge überführt werden kann.

Barschel hätte vorhersehen können, daß bestimmte Anschuldigungen Pfeiffers im Laufe der Zeit durch weitere Zeugen oder andere Beweismittel belegt werden können. Deshalb wäre es im Sinne der Bewahrung von Glaubwürdigkeit günstiger gewesen, leicht nachweisbare Vorwürfe einzugestehen und eine schlechte psychische Verfassung sowie den Mißbrauch von Medikamenten als schuldmindernde Umstände anzuführen (Implikationen minimieren). Dies wäre als Form der »Selbstbehinderung« (self-handicapping) zu interpretieren gewesen.[30] Freilich hätte diese Verhaltensalternative einen sicheren Verlust des öffentlichen Ansehens und der politischen Macht bedeutet, während die Entscheidung, die Vorwürfe zu leugnen und zusätzlich eine eidesstattliche Erklärung abzugeben, zumindest kurzfristig den Erhalt der Macht gewährleistete. Inwieweit Barschel zum damaligen Zeitpunkt psychisch und physisch überhaupt noch in der Lage war, seine Selbstdarstellung nach rationalen Kriterien zu planen, bleibt allerdings offen.

Vergleicht man den Skandal um Barschel mit anderen politischen Skandalen, so kann der Fall Barschel angesichts der weitgehenden Enthüllungen und des tragischen Endes als »Unglücksfall im Regelfall des Skandals« gelten.[31] Gelang es doch anderen Politikern zum Teil mehrfach, politische Skandale zu überstehen, indem sie einige Eingeständnisse machten, Untergebene bestraften oder zurücktraten, um kurze Zeit später in einer neuen Position in die aktive Politik zurückzukehren.

1 Barry R. Schlenker, Impression management: The self concept, social identity and interpersonal relations. Monterey 1980
2 James T. Tedeschi/Nancy Norman, Social power, self-presentation and the self. In: Barry R. Schlenker, The self and social life. New York 1985, S. 293–323.
3 Thomas Kliche, Die Entsorgung staatsbürgerlichen Ekels. Über Stand und Ergebnisse der Skandalforschung. In: Helmut Moser (Hrsg.), L'Eclat c'est moi. Weinheim 1989
4 John H. Harvey/Dawn C. Turnquist/Gina Agostinelli, Identifying attributions in oral and written explanations. In: Charles Antaki (Ed.), Analysing everyday explanations: A casebook of methods. London 1988
5 Bernard Weiner/James Amirkhan/Valerie Folkes/Julie Verette, An attributional analysis of excuse giving: Studies of a naive theory of emotion. In: Journal of Personality and Social Psychology 52 (1987), S. 316–324.
6 James R. Averill, Anger and aggression. New York 1982
7 Giffort W. Bradley, Self-serving biases in the attribution process: a reexamination of the fact or fiction question. In: Journal of Personality and Social Psychology 36 (1978), S. 56–71.
8 V. Lee Hamilton, Who is responsible? Toward a Social Psychology of Responsibility Attribution. In: Social Psychology 41 (1978), S. 316–328.
9 Charles R. Snyder/Raymond L. Higgins/Rita J. Stucky, Excuses: Masquerades in search of grace. New York 1983
10 Peter Schönbach, Account episodes. Cambridge 1985; Barry R. Schlenker, Impression management: The self concept, social identity and interpersonal relations. Monterey 1980; Charles R. Snyder, The excuse: An amazing grace? In: Barry R. Schlenker (Ed.), The self and social life. New York 1985, S. 235–261.
11 Thomas A. Wills, Downward comparison principles in social psychology. In: Psychological Bulletin 90 (1981), S. 245–271.
12 Andrea Abele, Wir haben gewonnen. Zur Kommentierung von Ergebnissen der Bundestagswahl 1987 durch die betroffenen Politiker. In: Zeitschrift für Sozialpsychologie 20 (1989), S. 38–56.

13 Kelley, H.H., The process of causal attribution. In: American Psychologist 28 (1973), S. 107–128.
14 Siehe Anm. 1.
15 Robert B. Cialdini/Richard J. Borden/Avril Thorne/Marcus R. Walker/Stephen Freeman/Lloyd R. Sloan, Basking in reflected glory: Three (football) field studies. In: Journal of Personality and Social Psychology 34 (1976), S. 366–375.
16 Siehe Anm. 9.
17 Charles R. Snyder, siehe Anm. 10.
18 Siehe Anm. 9.
19 James T. Tedeschi/Marc Riess, Predicaments and verbal tactics of impression management. In: Charles Antaki (Ed.), The psychology of ordinary language explanations of social behavior. London 1981, S. 271–310.
20 Ebenda.
21 Charles R.Snyder, siehe Anm. 10; vgl. auch Anm. 19.
22 Siehe Anm. 13.
23 Herbert Wessels, Ein politischer Fall. Weinheim 1988, S. 33.
24 Ebenda.
25 Ebenda.
26 Jochen Bölsche (Hrsg.), Waterkantgate: Die Kieler Affäre. Göttingen 1987, S. 87.
27 Siehe Anm. 1.
28 Siehe Anm. 26.
29 Jochen Bölsche (Hrsg.), Waterkantgate: Die Kieler Affäre. Göttingen 1987
30 Edward Jones/Steven Berglas, Control of attributions about the self through self-handicapping strategies: The appeal of alcohol and the role of underachievement. In: Personality and Social Psychology Bulletin 4 (1978), S. 200–206.
31 Georg Hafner/Edmund Jacoby (Hrsg.), Die Skandale der Republik. Hamburg 1990

4. »Der darf auch ein paar Ecken und Kanten haben«: Die Individualisierung der Selbstdarstellung

Von Lothar Laux

Politik kommt ohne Inszenierung, ohne Personalisierung nicht aus. Politiker unterliegen strukturellen Zwängen, die sich vor allem aus der Vermittlung der Politik über Massenmedien ergeben. Wer heute Politik wirkungsvoll gestalten möchte, muß das Spiel mitspielen, selbst wenn er das Spiel nicht mag.[1]

Ein häufig gespieltes Stück heißt »Herzblut nach Regieanweisung« (Charlotte Wiedemann, Die Woche, 44, 1994, S. 10): Politiker stellen Betroffenheit dar, indem sie bevorzugt von ihren Gefühlen reden. Glaubwürdig zu wirken, ist ihr oberstes Ziel. Dabei manipulieren sie nicht nur die Gefühle des Publikums, sondern auch ihre eigenen. Sie sind zu »Gefühlsarbeitern« geworden. Ein zweites Stück mit dem Titel »Wir haben gewonnen« steht immer nach Wahlen auf dem Spielplan. Politiker versuchen, möglichst großartig zu erscheinen und sich keine Schwäche anmerken zu lassen.

Exzessive Selbstdarstellung I: Herzblut nach Regieanweisung

Inszenierte Gefühle

Alles, was das Publikum auf den ersten Blick als »echt« wahrnimmt, eignet sich besonders gut für eine glaubhafte Eindruckslenkung. Dies trifft ganz besonders für Emotionen zu. Da sich Emotionen nach allgemeinem Urteil schwer kontrollieren lassen, gelten sie sozusagen als Garanten der Echtheit. Zweifellos dominieren in der Politik die inszenierten Gefühle. Die wenigen Gefühlsäußerungen, von denen man sicher sein kann, daß sie spontan aufgetreten sind, bleiben im öffentlichen Gedächtnis haften wie »kostbare Unikate« (Charlotte Wiedemann, Die Woche, 44, 1994, S. 10), z. B. Helmut Kohls zorniges Losstürmen auf den Eierwerfer von Halle oder Irmgard Schwaetzers Weinen, als die FDP-Fraktion entschied, sie doch nicht zur Außenministerin zu machen.

Grundsätzlich ist aber Vorsicht bei der Interpretation solcher Gefühlsausbrüche geboten. Eine expressive Reaktion kann nämlich zunächst ohne Darstellungsabsicht ablaufen, dann aber für Darstellungszwecke instrumentalisiert werden. Ein Beispiel aus dem Berufsleben: Ich ärgere mich über meinen Arbeitskollegen, was in meinem spontanen nonverbalen Verhalten zum Ausdruck kommt. Um dem Kollegen aber das ganze Ausmaß meiner Gekränktheit zu verdeutlichen, übertreibe ich meinen Ärgerausdruck. Der Ausdruck wird darstellerisch in die Pflicht genommen. Die emotionsgestützte Selbstdarstellung kann sich also vorhandener emotionaler Zustände bedienen und ein schon ablaufendes Ausdrucksgeschehen überformen.[2] Zunächst hat Helmut Kohl sicherlich spontan reagiert.

Rein hypothetisch könnte die Absicht hinzugekommen sein, dem Eierwerfer – und vor allem dem übrigen Publikum – zu demonstrieren, daß er so nicht mit sich umspringen läßt, daß er Manns genug ist, um mit Störenfrieden persönlich fertig zu werden.

Als Paradebeispiel für eine spontane emotionale Reaktion gilt auch der Kniefall von Willy Brandt an der Gedenkstätte des Warschauer Ghettos. Die engsten Mitarbeiter Brandts sollen von dieser Geste ebenso überrascht gewesen sein wie die Journalisten und Fotografen. Brandt selbst schreibt in seinen Erinnerungen:

> Ich hatte nichts geplant, aber Schloß Wilanow, wo ich untergebracht war, in dem Gefühl verlassen, die Besonderheit des Gedenkens am Ghetto-Monument zum Ausdruck bringen zu müssen. Im Abgrund der deutschen Geschichte und unter der Last der Millionen Ermordeten tat ich, was Menschen tun, wenn die Sprache versagt.[3]

Schon vor der Ankunft an der Gedenkstätte hatte Willy Brandt also die Absicht, ein Zeichen zu setzen, das Besondere des historischen Moments darzustellen. In diesem Sinne kann man von einer intentionalen Vorbereitung sprechen. Ungeplant war nur der konkrete expressive Ausdruck in Form des Kniefalls.

»Echt« wirkende Emotionsdarstellungen können die Grundlage für eine äußerst durchtriebene Form der Wählermanipulation liefern. Es gibt Beispiele von amerikanischen Politikern, die durch Gefühlsausbrüche glaubhaft Echtheit und Aufrichtigkeit im Fernsehen vermittelten, um letztlich aber mit dieser »Selbstöffnung«[4] von politischen Fehlhandlungen abzulenken. Prominentes Beispiel ist die berühmt gewordene »Checkers Speech« von Richard Nixon. Nixon verteidigte sich in der Rede gegen den Vorwurf, er habe sich durch die Entgegennahme großzügiger privater Spenden korrumpieren lassen. Er präsentierte sich als einfacher und ehrlicher Mann. Offen und ausführlich nahm er zu seiner Biographie und seinen persönlichen finanziellen Verhältnissen Stellung. Als Nixon schließlich »gestand«, daß seine sechsjährige Tochter von einem Wähler einen Cockerspaniel geschenkt bekommen habe, den sie »Checkers« genannt habe, wirkten die Vorwürfe gegen ihn kleinlich. Während der Rede brach Nixon vor dem Millionenpublikum in Tränen aus – allerdings nicht so lange, daß man an seiner Fähigkeit zur Selbstkontrolle ernsthaft hätte zweifeln können. Eine Flut unterstützender Telegramme und Briefe bestätigte den Erfolg der Rede.[5]

Betroffenheitskult

Publizisten beklagen inzwischen die zunehmende Emotionalisierung der Politik. Die Frankfurter Publizistin Cora Stephan spricht vom »Betroffenheitskult«, der mit dem Ehrenwort von Barschel einen Höhepunkt erreicht habe.[6] Eine wolkige Gefühlssprache habe Vernunft und logische Argumente verdrängt. Nach Stephan geht es heute nicht mehr primär um den politischen Sachverstand, sondern um das überzeugende Darstellen von Gefühlen:

> Heute gewinnt in der Politik, wer seine Betroffenheit am schönsten zur Schau trägt. Bundesarbeitsminister weinen schon mal angesichts des Elends der Welt (Blüm & die Kurden), zumindest während die Kameras laufen, und Bundeskanzler geben mit Blick auf historische Ereignisse Intimes wie ihre Männerfreundschaften preis. (Kohl und Gorbatschow, vgl. Cora Stephan, Betroffenheit als Masche. Der Spiegel, 32, 1993, S. 39)

Herzblut

Das Vorurteil, daß, wer Gefühl zeige, der ehrlichere Mensch sein müsse, fegt im heutigen Geschäft dem schlitzohrigen Selbstdarstellertalent die Bühne frei. Wer da nicht mithalten kann, hat ausgedient.[7]
Wer Glaubwürdigkeit glaubwürdig macht, also geschickt darstellt, ist damit keineswegs schon ehrlich.[8]

In der zunehmenden Emotionalisierung sieht Stephan die Gefahr, daß Politiker die Glaubwürdigkeit immer hektischer postulieren. Da der Politiker nicht sicher sein kann, daß ihm das Publikum glaubt, neigt er zum übertriebenen Einsatz von emotionalen Mitteln, zu immer geschickteren, womöglich noch verlogeneren Darstellungen von Ehrlichkeit. Barschel mit seiner Ehrenworterklärung ist nach Stephan das beste Beispiel für die Tendenz, das »Nichtnachweisbare« besonders übertrieben zu postulieren. Auch

Engholm, von ihr als »Integritätsdarsteller« bezeichnet, ist für sie ein Opfer des »Barschel-Effekts«, weil er sich etwas zu spielen abverlangte, von dem er wußte, daß er es nicht verkörpern konnte. An Stelle der zunehmenden Intimisierung der Politik fordert Stephan die Wiedergewinnung der Dimension des Politischen, also die Rückbesinnung auf das, was eigentlich zählt: konkrete Gestaltungen und Maßnahmen. Sie beruft sich dabei auf Bismarck, dessen Diktum »Entrüstung ist keine politische Kategorie« sie zitiert.

Cora Stephan, scheint mir, warnt zu Recht vor den Exzessen einer emotionalisierten Politik. Die Kritik an den gefühlsträchtigen Inszenierungen darf aber nicht die Schaufunktion der Politik übersehen. Politik hat auch die Aufgabe, Vorgänge in der Wirklichkeit auf symbolischer Ebene zu verdichten und auszudrücken. Politik – so hat es der Soziologe Dirk Käsler formuliert – muß »Projektionsleinwände für kollektive Erwartungen, Ängste, Hoffnungen, Wünsche ...«[9] anbieten. Dafür nun gibt es kaum ein besseres Beispiel als den Kniefall von Willy Brandt vor dem Warschauer Ghetto-Monument.

Ebenfalls zu Recht fordert Cora Stephan eine Rückbesinnung auf die Effektivität politischen Handelns. Aber die läßt sich nicht ohne wirkungsvolle Selbstdarstellung vermitteln. Kronzeuge hierfür ist Franz Josef Strauß: Die Bundesregierung – so wetterte er 1986 und in vielen anderen Jahren – habe zwar gut gearbeitet, sie müsse aber die Qualität ihrer Politik »gegen eine Wand von Fehlinformationen« wie gegen die »eigene Saumseligkeit« dem Bürger bewußter machen. Die – Strauß wörtlich – »Selbstdarstellung« der Regierung müsse sich verbessern. Die Koalition dürfe sich nicht so »filzpantoffelhaft-sauertöpfisch« präsentieren. »Unsere Politik muß wieder mit mehr Charisma an die Menschen herangetragen werden«, forderte der CSU-Chef. (Fränkischer Tag, 24. 3. 86, S. 1)

Und Bismarck? Er kam erst recht nicht ohne Selbstdarstellung aus. Sie war für ihn ein Essential seiner Machtpolitik. Ihren zentralen Stellenwert beim Schaffen des deutschen Nationalstaates unter Preußens Führung muß man nicht erschließen. Sie geht aus Bismarcks eigenen Erinnerungen hervor:

> Während ich mich mit den Fortschrittsleuten über Armee- und Verfassungsfragen herumschlagen mußte, hatte ich die beträchtlich höhere Pflicht, den lieben Freunden und getreuen Nachbarn als ein reaktionärer Träumer und, nach außen, friedlicher Dutzendminister zu erscheinen, und zu überlegen, quando, quomodo, quibus auxiliis (wann, wie, womit) der erste Schritt auf dem Weg zu der deutschen Einigung unter preußischer Spitze getan werden könnte.[10]

Im übrigen läßt sich sein Diktum »Entrüstung ist keine politische Kategorie« auch als kalkulierte Eindruckslenkung deuten, als den Versuch, das Bild eines von ethischen Prinzipien unangefochtenen Politikers zu vermitteln.

Politiker als Emotionsarbeiter

> Der Genuß des Wahlabends ist der Anblick des jeweils Geohrfeigten. Er stottert vor Wut über die Idioten, die ihn nicht gewählt haben, darf das aber um keinen Preis zugeben. (Hans Magnus Enzensberger im ›Spiegel‹-Gespräch, 4, 1987, S. 67)

Cora Stephan befaßt sich primär mit dem möglichen Schaden, den die Emotionalisierung der Politik für die Gesellschaft mit sich bringt. Mit welchen Kosten aber ist die andauernde kontrollierte *Emotionsdarstellung* – also die Selbstdarstellung, die sich des Emotionsausdrucks bedient – für den Politiker verbunden?[11]

Zunächst soll erläutert werden, worin die Emotionsdarstellung im einzelnen besteht. Der amerikanische Emotionsforscher Paul Ekman[12] hat die sozialen Normen, nach denen sich Menschen bei der Kontrolle ihrer Emotionsdarstellung richten, als *Darbietungsregeln* (display rules) bezeichnet. Er unterscheidet zwischen vier Formen: *Amplifikation* (verstärkter Ausdruck einer empfundenen Emotion), *De-Amplifikation* (abgeschwächter Ausdruck einer empfundenen Emotion), *Neutralisierung* (Nichtzeigen einer empfundenen Emotion, z. B. beim »Pokerface«), *Maskierung* (Zeigen einer Emotion, die nicht der empfundenen entspricht, z. B. Vortäuschen von Freude bei negativen Emotionen).

Rudolf Scharping und Gerhard Schröder übten sich eine Zeitlang in Maskierung. In den Bildern, die die beiden für die Öffentlichkeit inszenierten, verbargen sie ihre gegenseitige Abneigung und drückten statt dessen innige Verbundenheit aus. Erst mit dem Zerbrechen der SPD-Troika, des Dreigestirns, bestehend aus Lafontaine, Scharping und Schröder, wurde der Kampf um Spitzenpositionen wieder offener ausgetragen. Jede Beendigung des Führungsstreits – von denen es schon mehrere gab – machte jedoch erneut das Management von Emotionen erforderlich. Was mag Rudolf Scharping fühlen, wenn ihm in einem Interview die Fernsehjournalisten Bresser und Reitze mit folgenden Fragen zusetzen, nachdem sie ihm einleitend die durch den Streit mit Schröder bedingte Misere der SPD vor Augen geführt haben? (›Was nun, Herr Scharping?‹, ZDF, 21. 9. 95)

REITZE: Werden Sie denn Schröder ein neues Angebot für eine Führungsrolle machen?

SCHARPING: Wir haben in Deutschland zehn Regierungschefs in den Reihen der SPD, und wir werden in der Führungsspitze der Partei, in der Bundestagsfraktion und

Maskierung

ganz selbstverständlich auch mit diesen Regierungschefs eng zusammenarbeiten. Mit allen.

BRESSER: Auch mit Schröder?

SCHARPING: Mit allen.

BRESSER: Auch mit Schröder?

SCHARPING: Ja. Mit allen, natürlich.

REITZE: Als einer von vielen?

SCHARPING: Als einer von zehn und einer, der besondere Wirksamkeit hat, das ist ja unbestritten.

Was immer Rudolf Scharping gefühlt haben mag, äußerlich blieb er ruhig und gelassen. Auf die Nachfrage von Bresser »Auch mit Schröder?« lächelte er sogar souverän.

Soziale Normen betreffen nun nicht nur den Gefühlsausdruck, sondern auch das innere Empfinden, das Gefühl selbst. Regeln, die festlegen, welches Gefühl in einer bestimmten Situation erwartet wird, nennt die amerikanische Soziologin Arlie Hochschild[13] *Gefühlsregeln* (feeling rules). So sagen wir z. B.: »Ich hatte das Recht, mich über sie zu ärgern«, oder jemand beruhigt uns mit den Worten: »Du solltest dich nicht schuldig fühlen, es war nicht dein Fehler«. Für Politiker gilt das »Freudegebot« im Fernsehen. Sie sollen immerzu Freude empfinden und ständig in guter Stimmung sein. Sie sind somit zu dauernder Affektkontrolle – häufig in belastenden Situationen – gezwungen, meint der Psychologe Raphael Diepgen.[14]

Darbietungsregeln und Gefühlsregeln stellen Vorschriften zur Emotionskontrolle dar. Im ersten Fall konzentriert sich die Regel nur auf den Ausdruck, im zweiten wird eine tiefergehende Kontrolle gefordert. Ihre Trennung läßt sich jedoch nicht strikt durchhalten, da die erfolgreiche Kontrolle des Gefühls das Ausdrucksverhalten beeinflussen und auch das Ausdrucksverhalten auf das Gefühl einwirken kann.[15]

In der modernen Dienstleistungsgesellschaft ist Emotionskontrolle von größter Bedeutung. Arlie Hochschild[16] hat am Beispiel von Stewardessen untersucht, wie das eigene Empfinden und der Ausdruck der Gefühle den sozialen Erwartungen angepaßt wird. Sie spricht von *Gefühlsarbeit* (emotion work) im Sinne eines Managements der Gefühle, das darauf bedacht ist, einen öffentlich sichtbaren Ausdruck herzustellen. Emotionen werden dadurch in ihrer Intensität oder Qualität verändert. Nach Hochschilds Studie erlernen die Stewardessen während ihrer Ausbildung regelrechte Strategien der Bearbeitung von Gefühlen, wie sich z. B. aufkommender Ärger über das Verhalten der Fluggäste in Verständnis und Mitgefühl umwandeln läßt.

Politiker stehen im hohen Maß unter dem Zwang, sozial erwartete Emotionen und das eigene Empfinden in Einklang zu bringen. Der Minister, der den Eindruck unbestechlicher Sachlichkeit und zugleich menschlicher Wärme vermitteln möchte, muß Gefühlsarbeit leisten.[17] Was aber, wenn Politiker permanent negative Gefühle unterdrücken und positive vortäuschen? Speziell für Politiker liegen hierzu keine empirischen Untersuchungen vor. In der Literatur zum Thema »Krankheitsanfälligkeit« gilt ein solches Verhalten jedenfalls als dysfunktionaler Bewältigungsstil, als Basis für die Ausbildung einer Vielzahl psychosomatischer Symptome.[18]

Exzessive Selbstdarstellung II: Wir haben gewonnen

Wie oft präsentieren sich Politiker in Interviews und in Talkshows als perfekt, ja geradezu als omnipotent? Wann geben sie einmal zu, daß sie zuwenig wissen oder sich noch keine Meinung über einen Sachverhalt bilden konnten? Wie angenehm und wie selten, wenn z. B. Schäuble in einem Interview, in dem an einer Stelle die schulische Integration von Kindern verschiedener Nationen thematisiert wird, sagt: »Ich halte mich zurück bei der Beurteilung von Landespolitik. Da habe ich keine umfassenden Erfahrungen.« (Süddeutsche Zeitung, 28.12.1994, S. 6) Fehler einzugestehen, setzen viele Politiker gleich mit dem Eingeständnis von Inkompetenz. »Das Äußern von Selbstzweifeln, die freiwillige Aufgabe von Thesen«, gilt bei Politikern als Fehler, resümiert der Fernsehjournalist Wolfgang Herles.[19] Kurzum, Politiker neigen dazu, sich übertrieben positiv darzustellen, sie neigen zur Selbstglorifizierung. Zu diesem Schluß kommt auch der politische Journalist Rudolf Großkopff.[20] Die unglaubwürdig positive Eigendarstellung geht oft Hand in Hand mit einer ebenso übertriebenen negativen Charakterisierung des Gegners, mit einer »provozierenden Fremddarstellung«, wie das der Politikwissenschaftler Ulrich Sarcinelli formuliert hat.[21]

Kommentierung von Wahlergebnissen

Unter dem Titel ›Wir haben gewonnen‹ analysierte die Psychologin Andrea Abele[22] (Universität Erlangen-Nürnberg) die Kommentare von Politikern zu den Ergebnissen der Bundestagswahl von 1987. Ausgangsmaterial war die Berichterstattung im Fernsehen (Wahlsendungen von ARD und ZDF) und in Tageszeitungen. Die 595 Politikerkommentare wurden unter anderem nach Taktiken der Selbstdarstellung ausgewertet.

Die Mehrzahl der Äußerungen ließ sich auf wenige Taktiken reduzieren (vgl. Tab. 4.1). Während bei den *Gewinnern* das Eigenlob im Mittelpunkt stand (assertive Strategie, vgl. Kapitel 1), bemühten sich die *Verlierer* primär darum, die eigene Verantwortung am Wahlergebnis zu reduzieren und zu minimieren (defensive Strategie, vgl. Kapitel 1), *Stagnierer*, als die dritte Gruppierung, setzten überwiegend auf die assertive Strategie der Zukunftsprojektion: Durch Zentrierung der Aufmerksamkeit auf die Zukunft lenkten sie von einer nicht so positiven gegenwärtigen Lage ab. Einig waren sich die Politiker in den drei Gruppierungen hinsichtlich der Beurteilung des Ergebnisses der anderen Parteien: »Abwertung des Gegners« war die am häufigsten eingesetzte defensive Strategie (Beispiel: »Die CSU hat einen auf den Deckel bekommen wie in den letzten Jahren nicht mehr«). »Respektsbezeugungen an den Gegner« kamen so gut wie nie vor.

Diese Ergebnisse lassen nach Andrea Abele auf eine »Kulmination der Verarbeitung im selbstwertdienlichen Sinn« schließen.[23] Sie zielen in erster Linie auf »Eigenüberzeugung« ab. Die Mitglieder und Wähler der eigenen Partei sollen emotional gestützt und motiviert werden. Die eigene Partei soll in möglichst gutem Licht erscheinen und sich positiv von anderen Parteien abheben. Es ist auffällig, wie

Tabelle 4.1 Bevorzugte Taktiken von Siegern, Stagnierern und Verlierern

Gruppierung	Taktik	Beispiele (in Anlehnung an Abele, 1989)
Sieger	*Eigenlob*: Positive Bewertung des eigenen Wahlergebnisses	Unser Mann war der richtige Kandidat, und wir haben das richtige Programm.
Stagnierer	*Zukunftsprojektion*: Zentrierung der Aufmerksamkeit auf die Zukunft und damit Ablenkung von einer nicht so positiven gegenwärtigen Lage	Wir werden uns das Ergebnis genau angucken, und wir werden uns auf die Weiterentwicklung unseres Programms so konzentrieren, daß wir manche unserer Inhalte noch besser rüberbringen.
Verlierer	*Reduzierung der Verantwortung*: Erklärung durch Merkmale der Partei selbst, die über die Zeit variieren bzw. gerade zur Zeit des Wahlkampfes gegeben waren	Uns hat sicher geschadet, daß eine falsche Siegesgewißheit erzeugt wurde.
	Minimierung der Verantwortung: Erklärung durch Merkmale, die außerhalb des Einflusses der Partei liegen	Gegen unsere Partei hat sich ausgewirkt, daß es den Menschen bundesweit gutgeht und kein Grund besteht, die Pferde zu wechseln.

stark die öffentlichen Äußerungen der Politiker in schablonenhafter Weise durch Selbstzentriertheit bzw. durch Zentriertheit auf die eigene Partei gekennzeichnet sind. Offenbar glauben Politiker, so auftreten zu müssen, um Wähler zu beeindrucken. Dem hält Andrea Abele entgegen, daß die selbstzentrierten Strategien bei den Wählern wohl eher Politikmüdigkeit hervorrufen und kaum geeignet sind, einen Beitrag zur »Fremdüberzeugung« zu leisten: Mit der praktizierten Art von »Selbstbeweihräucherung« könne zumindest der parteipolitisch nicht gebundene Wähler kaum erreicht werden. Hierzu müßten die Politiker viel differenzierter die tatsächlichen Ergebnisse kommentieren, von ihren vorformulierten Statements abweichen und sich bei der Auseinandersetzung mit dem politischen Gegner an Kriterien wie soziale Anerkennung und Bescheidenheit orientieren. Auch die Journalisten müßten versuchen, die routinierten Taktiken der Politiker zu durchbrechen und von den sattsam bekannten Standardfragen abzuweichen.

Der Politiker als Narziß?

Für die ausgeprägten selbstzentrierten Formen der Eindruckslenkung, über die Andrea Abele in ihrer Untersuchung berichtet, wird in den Massenmedien und in der Umgangssprache gern der Begriff »Narzißmus« verwendet. Der ehemalige Bundestagsabgeordnete Dieter Lattmann bringt es mit folgenden Worten auf den Punkt:

> Man gewöhnt sich an Beifall. Mancher braucht ihn schließlich, um vor sich selbst zu bestehen: ein extrovertierter Narziß. Das Begehren, von einer großen Zahl, wenn nicht geliebt, so doch gekannt und beachtet zu werden, der Eindruck, den man auf viele statt auf den einen wichtigsten anderen macht – dies alles bringt Rückwirkungen auf die individuelle Psyche mit sich. Weist nicht der Balzgestus vor dem Publikum auch eine Ersatzfunktion auf? Bei manchen Politikern wird man die Vorstellung nicht los, sie lägen als Liebhaber am liebsten der Menge im Arm.[24]

Auch im wissenschaftlichen Bereich spielt das Konzept des Narzißmus eine bedeutsame Rolle. Was versteht man nun unter »Narzißmus« bzw. unter einer »narzistischen Persönlichkeitsstörung«? Ein Blick in das ›Diagnostische und statistische Manual psychischer Störungen‹[25], ein klinisch-psychologisches Standardwerk, gibt Aufschluß:

Hauptmerkmal der narzißtischen Störung ist eine Überidealisierung des eigenen Selbst, die in einer exzessiven Selbstdarstellung, in einer öffentlichen Überhöhung des Selbstkonzepts zum Ausdruck kommt.[26] Die Betroffenen lassen sich ferner durch folgende Merkmale kennzeichnen: ein durchgängiges Muster von Großartigkeit (in Phantasie oder im Verhalten), Mangel an Einfühlungsvermögen und Überempfindlichkeit gegenüber der Einschätzung durch andere. Menschen mit dieser Störung sind in übertriebenem Maße von ihrer eigenen Bedeutung überzeugt. Sie sind meist sehr darum besorgt, wie gut sie funktionieren oder was andere von ihnen denken. Dies nimmt häufig die Form eines fast exhibitionistischen Verlangens nach ständiger Aufmerksamkeit und Bewunderung an (siehe die Aussage von Lattmann).

Narzißtische Persönlichkeiten übertreiben ihre eigenen Fähigkeiten und Begabungen und erwarten, selbst ohne besondere Leistung als »etwas Besonderes« Beachtung zu finden. Sie haben ferner das durchgängige Gefühl, im Recht zu sein, sowie eine gewisse Unfähigkeit, anderen zuzustimmen oder die Bedürfnisse anderer zu respektieren.

Es fällt leicht, zu dem einen oder anderen der aufgeführten diagnostischen Merkmale Beispiele aus dem politischen Leben anzuführen. Es überrascht daher nicht, daß sich auch Vertreter der politischen Psychologie dezidiert mit der narzißtischen Persönlichkeit auseinandergesetzt haben.[27] Zu den charakteristischen Merkmalen des narzißtischen Politikers gehört nach Post das Fehlen konsistenter Überzeugungen: Die einzige stabile Überzeugung des narzißtisch gestörten Politikers ist die Zentralität seiner eigenen Person. Was gut für ihn ist, ist gut für das Land. Nach Post fragt der narzißtische Politiker bei Bedrohungen für die USA nicht: »Was kann ich tun, um diesen Bedrohungen zu begegnen?«, sondern »Wie kann ich diese Situation ausnutzen, um meine Reputation zu bewahren oder zu stärken?«[28] Abgesehen von wirklichen Extremfällen erscheint es mir allerdings sehr problematisch, Politiker klinisch-psychologischen Kategorien zuzuordnen und sie damit zu pathologisieren. Bei der Suche nach personalen Ursachen narzißtischer Verhaltensweisen werden zudem systembedingte Faktoren leicht übersehen. So könnte sich beispielsweise die dominierende Selbstzentriertheit als Folge eines Profilierungszwangs ergeben, der primär von außen in Form von Erwartungen an die Politiker herangetragen wird. Einige Politiker scheinen sich dem Erwartungsdruck jedoch stärker zu beugen als andere. Wie so oft, trägt wohl ein interaktionistisches Modell, ein Modell der Wechselwirkung von Person und Umwelt, den komplizierten Verhältnissen am ehesten Rechnung.

Individualisierung der Selbstdarstellung

In den vorgestellten Beispielen für exzessive Selbstdarstellung manifestiert sich ein extremes Streben nach glaubwürdigen Eindrücken (Herzblut nach Regieanweisung) und nach vorteilhaften Eindrücken (Wir haben gewonnen). In beiden Fällen orientieren sich Politiker zu sehr an externen Maßstäben. Sie befolgen Regeln der Selbstdarstellung, die zu einer Entfremdung von ihrer eigenen Persönlichkeit führen. Durch die Dominanz derartiger Regeln nimmt die Variabilität ihres Verhaltens ab, es wird gleichförmiger. Im Laufe häufiger Präsentationen können Politiker den Abstand zu solchen Regeln verlieren. Die Regeln werden internalisiert und gewinnen damit ein immer stärker werdendes »Eigenleben«. Psychoanalytiker sprechen vom »falschen« Selbst und meinen damit eine fiktives uneigentliches

Selbst, das das wirkliche Selbst überlagert. Die wahre Persönlichkeit wird sozusagen verwischt.[29]

Solche Interpretationen regen an, über mögliche Gegenmittel nachzudenken: Politiker könnten versuchen, den Zwängen entgegenzuwirken, indem sie sich stärker an der Individualität ihrer Persönlichkeit orientieren. Gemeint ist eine Schwergewichtsverlagerung von der Außenorientierung hin zum Persönlichen der Selbstdarstellung. Es käme also darauf an, daß sie das Besondere ihrer Persönlichkeit zum Ausdruck bringen: Es geht um die *Individualisierung* der Selbstdarstellung.

Die Formulierung »Individualisierung der Selbstdarstellung« klingt tautologisch. Meint denn Selbstdarstellung als »Darstellung des Selbst« nicht primär die Darstellung des Unverwechselbaren, des Einzigartigen, des Individuellen? Nicht notwendigerweise. In der Umgangssprache ist der Begriff eher negativ besetzt und steht heute vor allem für beschönigende, überzogene oder sogar täuschende Eindruckslenkung. Nur im wissenschaftlichen Gebrauch umfaßt der Begriff alle Formen der Eindruckslenkung und damit auch den Ausdruck der individuellen Besonderheit.

Bei den meisten Persönlichkeitstheoretikern besteht Einigkeit darüber, daß »Persönlichkeit ein bei jedem Menschen einzigartiges, relativ überdauerndes und stabiles Verhaltenskorrelat ist«.[30] In dieser Minimaldefinition kommt zum Ausdruck, (1) daß Persönlichkeit gegenüber dem Zeitablauf als relativ konstant und (2) daß Persönlichkeit als einzigartig angesehen wird. Es ist dieser *Einzigartigkeits-* oder *Individualitätsaspekt*, der hier im Mittelpunkt steht. Es geht darum, daß der Politiker seine Besonderheit, seine unverwechselbaren Merkmale, die Einmaligkeit seiner Biographie usw. deutlich macht. Damit kann er versuchen, gegen äußere Zwänge und gegen die Standardisierung der Selbstdarstellung anzugehen.[31]

Der Wunsch nach Besonderheit

Nun ist der Wunsch nach Besonderheit[32] nicht etwas, was man Politikern einreden müßte. Aussagen über Individualität gehören zu ihren beliebtesten Redethemen. Politiker überbieten sich geradezu in Einzigartigkeitsbeteuerungen. Franz Josef Strauß beklagte in seiner Autobiographie, daß das heutige politische Leben stark von »anpassungsfähigen und geländegängigen Typen« bestimmt wird, die nicht den Anschein »kerniger Originalität« aufkommen lassen.[33] Der ehemalige Kanzlerkandidat Engholm – vor seinem Rücktritt ein charismatischer Darsteller von Individualität mit hohen Popularitätswerten – führt aus:

> Eine Partei hat auf Dauer nichts von jemandem, der wie eine Maschine denkt und der nur aufnimmt, was andere gedacht haben. Eine Partei hat einen Anspruch darauf, an der Spitze einen eigenständigen Kopf zu haben – der darf bitte auch ein paar Ecken und Kanten haben und muß nicht so sein, daß alle Leute zu jeder Tages- und Nachtzeit sagen: Genauso habe ich ihn mir vorgestellt. Es muß auch gewisse Reibungspunkte geben. (Süddeutsche Zeitung, 26./27. Januar 1991, S. 14)

Kanzler Kohl spricht sich ebenfalls für das Bewahren persönlicher Eigenschaften, für das »Sichselbsttreubleiben« aus. In einer ›Was nun, Herr Kohl?‹-Sendung kam es zu dem folgenden Dialog (ZDF, 19.10.1986):

KLAUS BRESSER: Kokettieren Sie manchmal damit, daß Sie eben kein Schauspieler sind, es nicht nötig haben, glanzvoll und kunstvoll zu reden?

HELMUT KOHL: Also, ich habe ganz gewiß Fehler, aber Kokettieren, das liegt mir nicht.

KLAUS BRESSER: Ja, aber die, diese Tatsache, daß Sie auf die Rede, die geschliffene Rede, oft verzichten, das ist meine Frage. Können Sie nicht anders, oder wollen Sie nicht anders?

HELMUT KOHL: Nein, ich habe keine großen PR-Überlegungen. Ich bin, wenn Sie so wollen, einer, der bereit ist, in einem bestimmten Umfang sich den Regeln, auch von PR, zu fügen, weil das einfach dazu gehört, aber ich laß mich nicht umformulieren. Sehen Sie, ich habe früher mal eine andere Brille gehabt, da gab es eine große Diskussion, bei der 76er-Wahl: Warum hat er die Brille abgelegt? Die andere Brille hat mir nicht mehr gepaßt. Ich habe diese Brille genommen, weil ich mit der besser auskam, aber das war kein PR-Rat. Natürlich weiß ich also die Grundregeln, aber ich bin wahrlich nicht bereit, mich sozusagen umformulieren zu lassen. Ich werde kein Homunkulus der Propagandatechnik. Und ich glaube auch nicht, daß die Wähler dies goutieren ..., ich bin da völlig anderer Meinung. Ich glaube, daß in einer Massengesellschaft, in der so viele, selbstverständliche Entwicklungen – die auch gar niemand verändern will – gegeben sind – der Angleichung, des modischen Anpassens –, daß eine tiefe Sehnsucht bei den Bürgern da ist, Menschen zu begegnen, denen man vertrauen kann. Auch deswegen, weil sie sich nicht in allen Punkten sozusagen anpassen – , weil sie auch mal gegen den Strom, auch in ihren persönlichen Attitüden, stehen, weil sie versuchen, original zu bleiben, so wie sie sind, sich nicht verformen zu lassen. Und ich glaube, die Zukunft gehört in der Politik nicht dem glattgeschliffenen Rheinkiesel, sondern einem, der, der ein Stück Urgestein darstellt. Und wir haben ja Beispiele. Sie haben vorhin Franz Josef Strauß erwähnt. Das ist ein solches Beispiel. Sie können Herbert Wehner erwähnen. Die haben noch Respekt, auch Zuneigung und Achtung, ja, auch große Reputation damit er-

Urgestein

worben, daß sie sich nicht umfunktionieren ließen. Warum auch?

Auf die provokative Frage von Klaus Bresser (»Können Sie nicht anders, oder wollen Sie nicht anders?«) reagiert Helmut Kohl also mit einem engagierten Exkurs über das Bewahren individueller Eigenarten – ohne allerdings, wie von Bresser gewünscht, auf seine Redefähigkeit einzugehen. Den Widerstand gegen »das modische Anpassen« kann er schlecht am Beispiel der eigenen Person veranschaulichen. Dies wäre selbstgefällig und wenig überzeugend. Daher nennt er andere Politikerpersönlichkeiten, deren »Kanten« wesentlich zu ihrem unverwechselbaren Profil beigetragen haben. Hier den früheren politischen Gegner Wehner anzuführen, ist nicht ungeschickt.

Die Frage bleibt offen, ob die mächtigen »Heerführer« in der Politik pointierte Individualität auch dann noch goutieren, wenn sie beim »gemeinen Fußvolk« auftritt. Fraktionsvorsitzende z. B. werden sich kaum als Vorkämpfer des Individualismus ihrer Fraktionsmitglieder verstehen.

Möglichkeiten individualisierter Selbstdarstellung

Ausschöpfung der Ressourcen

Der Grundgedanke der Individualisierung läßt sich gut an einem Vergleich von konventionellen und individuumszentrierten Rhetoriktrainings verdeutlichen. Konventionelle Rhetoriktrainings vermitteln bestimmte Standards: Sie empfehlen z. B., in kurzen Sätzen zu sprechen, nach jedem Abschnitt eine Pause einzulegen und zu beachten, daß das ideale Sprechtempo zwischen 80 bis 100 Wörtern pro Minute liegt. Erfolgreiches Auftreten setzt ferner gute Körperhaltung voraus: »1. aufrechtes Stehen, 2. leicht durchgedrückte Knie, 3. Füße nebeneinander, 4. die Fußspitzen im Winkel von 45 Grad zueinander«[34], und weiter: »Wenn Sie etwas besonders positiv betonen wollen, so sollten Sie die Arme und Hände auf Höhe der Brust halten und die Handflächen nach oben richten.«[35]

Solche Vorschriften sind dazu angetan, das Verhalten unterschiedlicher Individuen zu standardisieren. Individuumszentrierte Rhetorikprogramme dagegen trainieren nicht pauschal einzelne Wirkungsmittel, sondern streben an, das Besondere der individuellen Rednerpersönlichkeit herauszuarbeiten. Sie nutzen die rhetorischen Wirkungsmittel nur dann, wenn sie zur Gesamtpersönlichkeit passen.[36] Gegen einzelne, allgemein empfohlene Rhetorikregeln wird dabei verstoßen. Genau dies drückt Franz Josef Strauß aus, wenn er sich als Anti-Rhetor empfiehlt. Er schreibt in seinen Erinnerungen:[37]

> Ich bin der geborene Anti-Rhetor. Erstens rede ich nie kurz, zweitens bilde ich lange Sätze, drittens verwende ich viele Fremdwörter und fremdsprachige Zitate. Aber alle drei Dinge zusammengenommen, führen offensicht-

> lich zu einer rhetorischen Wirkung, über die ich mich, was Größe und Ausdauer meines Publikums angeht, nie zu beklagen habe. Nach Meinung meiner Kritiker rede ich deutsch, als ob ich versuchte, das Latein Ciceros auf deutsch zu bieten, nämlich lange, verschlungene Satzkonstruktionen, die am Schluß dann doch wider alle Erwartungen aufgehen.[38]

Solche Naturtalente sind selten: Die meisten Politiker könnten von einer psychologischen Beratung profitieren. In der angewandten Psychologie wurden gerade in den letzten Jahren Verfahren zur Erhöhung sozialer und kommunikativer Kompetenzen entwickelt, die hier in Frage kommen. Besondere Beachtung verdienen individuumszentrierte Verfahren. Sie basieren auf der Grundannahme, daß Menschen Experten ihres eigenen Daseins sind: Sie verfügen über genügend Ressourcen, um ihre Probleme lösen zu können. Der Psychologe bzw. die Psychologin tritt als Impulsgeber auf, der nicht primär Mängel, sondern gelungene Episoden analysiert. Seine Aufgabe ist es vor allem, den Teilnehmern, also den eigentlichen »Experten«, bei der Feststellung und Freisetzung ihrer Ressourcen zu helfen.[39]

Die Position individuumszentrierter Verfahren steht im krassen Gegensatz zu solchen Ansätzen, bei denen der Trainer – als Experte – darauf abzielt, den Teilnehmern einen Katalog von Standardfertigkeiten, die er definiert, zu vermitteln. In individuumszentrierten Ansätzen übernehmen die Teilnehmer nicht ihnen fremde Reaktionsweisen, sondern suchen selbst nach eigenen Lösungen, die am vorhandenen Repertoire anknüpfen und daher zu ihrer Persönlichkeit, zu ihrem Lebensstil passen.[40]

Individualisiertes Politikverständnis

Eine zweite Möglichkeit der Individualisierung betrifft den Versuch, politische Inhalte an das persönliche Leben zu binden. In einer Selbstdarstellung in diesem Sinn muß ein Mindestmaß an Übereinstimmung zwischen proklamierten Grundwerten, politischem Reden und politischem Handeln deutlich werden. Die vom Politiker vertretenen Grundwerte sollten in der Praxis ihrer Politik durchschimmern. Man kann noch weitergehen und auch den persönlichen, den alltäglichen Lebensstil einbeziehen. Solch eine Verbindung von politischer Überzeugung und alltäglichem Verhalten hat der SPD-Politiker Erhard Eppler gefordert. Für ihn muß Glaubwürdigkeit im persönlichen Lebensstil transparent werden:

> Wenn ich den Begriff des »solidarischen Haushaltens« eingeführt habe, Haushalten mit den Ressourcen dieser Welt im Blick auf die anderen, wenn dabei das Haushalten mit der Energie eine zentrale Rolle spielt, dann kann ich mich nicht jeden Morgen mit dem Mercedes abholen lassen ...
> Wenn ich der Meinung bin, daß wir Sonnenenergie nutzen sollten, dann muß ich das wohl selber einmal ausprobieren ...
> Wenn man der Meinung ist, daß es nicht für jedes Wehwehchen auch ein unfehlbares Pillchen gibt und daß Gesundheit auch ein Stück eigener Verantwortung ist für sich selbst und für andere, dann muß man versuchen, entsprechend zu leben.[41]

Natürlich kommt es dem Politiker Erhard Eppler nicht nur auf die privat-persönliche Umsetzung solcher Forderungen an. Er richtet seine »Selbstdarstellung« an ein Publikum, an die »Jungen«. Ihnen gegenüber könne Glaubwürdigkeit nur durch den Versuch einer Verbindung von politischem Postulat und persönlichem Verhalten hergestellt werden. Und darauf sei unsere Form von Demokratie angewiesen.

Das Beispiel Eppler macht deutlich, daß Individualisierung in dem von mir gemeinten Sinn nicht dem Sozialen gegenübersteht. Die Individualisierung der Selbstdarstellung verbindet Eigenständigkeit mit sozialer Ausrichtung: Als Persönlichkeit mit individuellen Besonderheiten versucht der Politiker Eppler, auch ein glaubwürdiges Identifikationsmodell für Jüngere darzustellen. Zu einer solchen Selbstdarstellung gehört das differenzierte Eingehen auf die damit verbundenen »Gefahren« der Selbstgerechtigkeit oder der Koketterie:

> Ich gebe gern zu, daß die Gefahr der moralinsauren Selbstgerechtigkeit immer und überall lauert ... Deshalb habe ich mich nicht dagegen gewehrt, daß ich weiterhin einen Mercedes 250 als Dienstwagen habe. Aber ich habe diesen Dienstwagen im Jahre 1977 nur noch etwa für knapp die Hälfte der Kilometer gebraucht, die bisher üblich und selbstverständlich waren. Alles in allem: Die Gefahr, daß das politische Fordern und das persönliche Handeln auseinanderklaffen und dadurch der Vorwurf der Heuchelei entsteht, erscheint mir noch größer als die Gefahr, daß die Verbindung von politischem Programm und persönlichem Lebensstil ihrerseits unsolidarisch, taktlos oder gar humorlos wird.[42]

Ein anderes Beispiel für dieses individualisierte Politikverständnis ist der amerikanische Vizepräsident Al Gore. Er drückt in seinem Buch ›Wege zum Gleichgewicht. Ein Marshallplan für die Erde‹ die Überzeugung aus, daß eine wirkliche politische Veränderung nur möglich ist, wenn sie in der Person selbst beginnt.[43] Wie schwierig dies durchzuhalten ist, erläutert er u.a. an seinem Wahlkampf für die Präsidentschaft. Einer der Gründe für seine Kandidatur im Jahr 1987 war, daß er die Umweltkrise auf die politische Tagesordnung setzen wollte. Er legte daher in seiner Rede, mit der er sich als Kandidat vorstellte, den Schwerpunkt auf Themen wie Treibhauseffekt, Ozonloch, atomare Rüstungskontrolle usw. Die Wählerschaft jedoch zeigte noch nicht einmal ein marginales Interesse für diese, auch von Meinungsforschern als exotisch eingestuften Themen. In seiner politischen Urteilsfähigkeit verunsichert, begann er sich an den Fragen zu orientieren, die Politprofis für die »entscheidenden« hielten – mit dem Effekt, daß er über Dinge sprach, von denen alle redeten. Kritisch stellte er fest, daß er damit dem allgemeinen Argwohn in der Öffentlichkeit entsprach, die Wahlprogramme würden direkt von Meinungsforschern und Politprofis geschrieben. Später allerdings wandte er sich »seinen« Umweltthemen wieder zu:

> Zu meiner eigenen Verteidigung kann ich sagen, daß ich während meiner Kampagne immer nach Möglichkeiten gesucht habe, auf die Probleme der Umwelt zurückzukommen. Und obwohl ich gezwungen war, diese Probleme in meiner Standardwahlrede herunterzuspielen, betonte ich sie doch bei meinen Treffen mit Zeitungsredakteuren aus dem ganzen Land. Aber die Presse lehnte es strikt ab, die Umwelt als wichtigen Bestandteil meines Wahlkampfs anzuerkennen, und befand sich damit im Konsens mit allen politischen Kreisen.[44]

Die Kandidatur um die Präsidentschaft blieb erfolglos. Sein beharrlicher Einsatz für die Umweltthematik verhalf ihm aber später zur Vizepräsidentschaft.

Ohne Selbstdarstellung geht es nicht

Die individualisierte Selbstdarstellung von Politikern ist natürlich ebenfalls Selbstdarstellung im Sinne von geplanter, kalkulierter Eindruckslenkung. Das, was ein Politiker als eigene unverwechselbare Überzeugung ansieht, bedarf einer dramaturgischen Vermittlung. Ohne sorgfältig vorbereitete Fernsehauftritte, ohne gezielte Interviews, in denen er von der geltenden Parteimeinung abweicht, ohne Unterstützung durch die Medien, läßt sich das eigene Profil nicht darstellen. Auch Nonkonformismus muß hart erarbeitet werden! Und der Politiker darf ja nur in gut kontrollierter Weise von der Parteilinie abweichen. Wenn er zu sehr »vom alten Weg« abkommt, schwächt oder verliert er seine Stellung in der Partei.

Aktuelles Beispiel ist Stefan Schwarz, eine Art Jungrebell in der CDU. Sein leidenschaftlich-kompromißloses Eintreten für die Sache Bosniens hat ihn in den Medien zum »guten Menschen von Bonn« werden lassen, zu einem Politiker ganz neuen Typs. Seine Gegner sprechen von »Show«. Er selbst sieht sich als jemand, der die richtige Balance von Politik als Inhalt und als Kommunikation gefunden hat. Und wie reagieren seine »Parteifreunde«? Sie setzten ihn bei der Neuwahl des Bundestags 1994 nicht auf einen aussichtsreichen Listenplatz. Seine Parteikarriere gilt als beendet. (vgl. Die Welt, 16. 9. 95, 1995, S. 5)

Im Unterschied zu reinen Profilierungsmanövern impliziert individualisierte Selbstdarstellung eine Anbindung der vermittelten Eindrücke an die eigene Person und Biographie. Selbstdarstellung als solche ist ja nicht das Problem, sondern eine von den Inhalten abgetrennte Selbstdarstellung (»issueless politics«). Einmalige PR-Aktionen, losgelöst vom dem, was der Politiker oder die Politikerin sonst tut, zahlen sich nicht aus: Das Fernsehen zeigt, wie

Ich bleibe Rita Süssmuth!

die neue Familienministerin ihr eigenes Kind mit dem Fahrrad zum Kindergarten bringt. Eine vorbildliche Frau, die Ministeramt und Mutteraufgaben zu verbinden weiß? Aus dem Begleitkommentar geht hervor, daß es sich um eine Ausnahme handelt.

Andauernde Diskrepanzen zwischen Person und Persondarstellung wirken sich auf das Image aus. Und zwischen den Images der Politiker gibt es gewaltige Unterschiede. Rita Süssmuth z. B. genießt ein hohes Ansehen in ganz unterschiedlichen politischen Lagern. Sie ist die strahlende Figur, die sich vom »häßlichen« Geschäft der Politik nicht verführen läßt; sie steht für Aufrichtigkeit, Unbestechlichkeit, Zivilcourage und vor allem für das »Sichselbsttreubleiben«. Eine Biographie über sie hat den bezeichnenden Titel: ›Ich bleibe Rita Süssmuth‹.[45] Erst nach der sogenannten Dienstwagenaffäre im Jahr 1991, bei der ihrem Mann die private Nutzung eines Dienstwagens vorgeworfen wurde, reagieren Teile der Öffentlichkeit verhaltener.

Dagegen nun das Image von Jürgen Möllemann. Alfred Biolek hat einmal in seiner Talkshow einige »Charakterisierungen« von Jürgen Möllemann, die aus der Presse stammen, aufgezählt: »Keiner traut ihm über den Weg – unaufhaltsamer rücksichtsloser Aufsteiger – Minusmann – Artist der Oberfläche – fleischgewordene Stromlinie – Feuerwerker, der sein Handwerk nicht versteht – Politclown – Quartalsirrer – der Mann fürs Brimborium, heute im ›Spiegel‹ – und intrigantes Schwein.« (›Boulevard Bio‹ vom 9.6.1992) Jürgen Möllemann, mit dieser brisanten Liste in der Sendung konfrontiert, beschwerte sich über die persönlichen und polemischen Angriffe der Leute und verlangte, sie sollten sich mit seinen Ideen auseinandersetzen: Die könnten sie kritisieren. Seine Reaktion ist ein Beispiel für die ewige Politiker-Phrase, es gehe doch um Sachfragen. Kein Zweifel, zum Negativimage wird er wohl mit seinen durchsichtigen PR-Manövern selbst viel beigetragen haben. Sein Image scheint aber schlechter zu sein, als es seinen politischen Aktionen entspricht (vgl. Kapitel 5). Jürgen Möllemann wurde von den Medien zum Paradebeispiel für den unseriösen Politiker hochstilisiert: »Aus ›Riesenstaatsmann Mümmelmann‹ (Franz Josef Strauß) wird so Riesenpopanz Möllemann. Dies geschieht, um alle anderen Möllemänner symbolisch zu bestrafen und praktisch zu entlasten.«[46]

Je nach Adressat: Provinzpräsident oder Mensch

Der Versuch, die Selbstdarstellung allein an der Gunst der Wählerinnen und Wähler auszurichten, muß schon deshalb scheitern, weil der Politiker es nicht mit einem einheitlichen Publikum zu tun hat. Eine bestimmte Form der

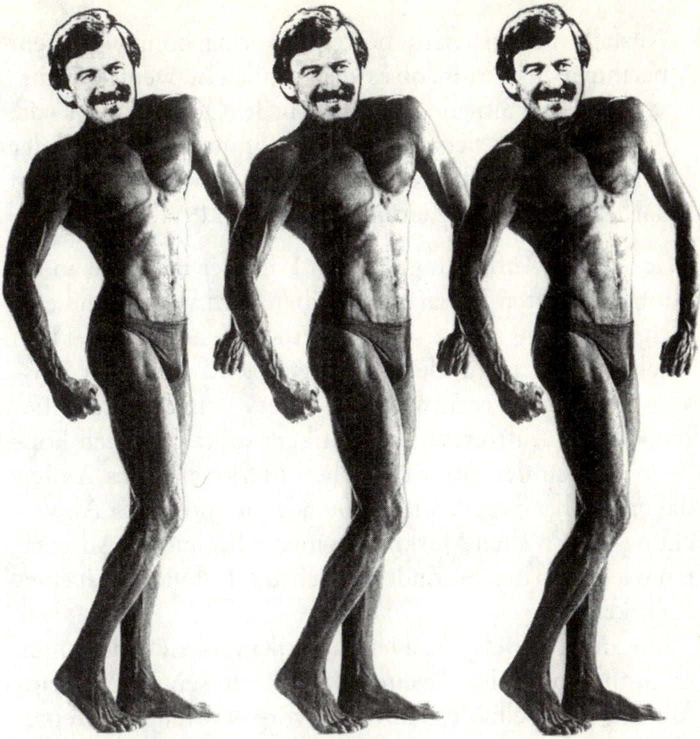

Es geht nur um Sachfragen!

Selbstdarstellung kann von einer Gruppe von Adressaten honoriert, von einer anderen dagegen heftig kritisiert werden. Man nehme nur einmal das Beispiel von Bundeskanzler Kohl, der 1992 in Halle auf jugendliche Eierwerfer losgegangen war. Sein Ausbruch von berechtigtem Zorn wurde sowohl mit Sympathie bedacht, als spontaner emotionaler Ausdruck gedeutet, aber auch als Nichtkontrolliertheit kritisiert, die dem Inhaber eines solchen Amtes nicht unterlaufen dürfe:

> Der Bundeskanzler …, gerade noch als einer der führenden Staatsmänner Europas tituliert, ist eine Figur, deren

> Ausfälle nicht als privat bewertet werden können. Es geht bei ihm nicht darum, ob es verständlich ist, wenn er in dieser oder jener Situation – und gar in der Öffentlichkeit – die Kontrolle über sich verliert. Es geht nur darum, daß der Regierungschef die Kontrolle über sich nicht verlieren darf. (Süddeutsche Zeitung, 13. 5. 1992, 1991, S. 4)

Nach dieser Auffassung können Politiker nicht die an ihr Amt geknüpften Erwartungen über Bord werfen und einfach »Mensch« sein. Der Politikwissenschaftler Hans Buchheim hat es auf den Punkt gebracht: »Politiker müssen Sinn und Verantwortung ihres Amtes repräsentieren.«[47] Das Auftreten des Politikers sollte demnach konform sein zu den prototypischen Merkmalen des Amtes, das er innehat oder anstrebt. Gerade die »dosierte« Abweichung von solchen Merkmalen macht für andere Adressaten wiederum den besonderen Reiz der Individualität eines Politikers aus.

Ein anderes Beispiel: Dem amerikanischen Präsidenten Clinton wurde im zweiten Jahr nach seiner Amtseinführung kumpelhaftes Auftreten vorgeworfen. Die freizügige Beantwortung von Interviewfragen – z. B. zu den Unterhosen, die er favorisiere – trugen in der Presse zum Bild des »Provinzpräsidenten« bei: Weder nationale Vaterfigur noch moralische Autorität. (Die Woche, 34, 1994, S. 23) Man kann sicher sein, daß andere US-Bürger ein derartiges Verhalten als spontan, »unverkrampft« und damit als Ausdruck besonderer »menschlicher« Stärke ansehen.

Sensibilisierung gegenüber Selbstdarstellung: Ein Trainingsprogramm

Selbstdarstellung ist nicht frei konstruierbar: Ein Politiker kann der Öffentlichkeit nicht beliebige positive Bilder seiner Persönlichkeit vermitteln. Kompetente Zuschauer können – zumindest in gewissem Umfang – erkennen, wie plausibel die von einem Darsteller beanspruchten Selbstbilder sind. Durch Trainingsverfahren läßt sich auf seiten der Zuschauer die Kompetenz im Erkennen von Strategien der Selbstdarstellung, die Politiker einsetzen, zusätzlich fördern. In Anlehnung an das *Streßimpfungstraining* von Meichenbaum[48] haben Groß, Maschmann, Schütz und ich ein Trainingsprogramm entwickelt,[49] das Groß und Maschmann im Rahmen einer Pilotstudie an Jugendlichen erprobt haben.[50] Es besteht aus drei Phasen:

1. In der *Unterrichtsphase* werden theoretische Grundlagen der Selbstdarstellungsforschung vermittelt, z. B. die verschiedenen Varianten assertiver und defensiver Strategien der Selbstdarstellung (vgl. Kapitel 1).
2. In der *Übungsphase* wird das Erkennen solcher Strategien anhand von Fernsehaufnahmen mit Politikerauftritten trainiert. Dabei setzen wir die sogenannte *Plananalyse* ein, ein klinisch-diagnostisches Verfahren, mit dem man die Pläne von Klienten in der Therapeut-Klient-Interaktion erschließt.[51] Bei unserer Adaptation des Verfahrens werden die Beobachter gebeten, verbale und nonverbale Verhaltensweisen der Politiker zu beobachten und daraus Pläne bzw. Strategien der Selbstdarstellung abzuleiten.[52]
3. Eine vertiefende Auseinandersetzung wird in der *Umsetzungsphase* erreicht: Hier spielen die Teilnehmer die Rollen von Politikern und versuchen, vorgegebene Plä-

ne zu verfolgen und Strategien der Selbstdarstellung zu realisieren. Eine typische Ausgangssituation wäre z. B.:

> Stell' dir vor, du wärst der Kanzlerkandidat einer Partei. Ein Journalist stellt dir die Frage: Ihr Ansehen und Ihre Autorität sind in den letzten Wochen verfallen, nach der letzten Umfrage halten nur noch 16 Prozent Sie für den geeigneten Kandidaten?

Im Rahmen der politischen Bildungsarbeit besteht das Ziel dieses Trainingsverfahrens darin, die Sensibilität gegenüber Selbstdarstellungen in der Politik zu erhöhen. Dadurch kann auch ein besseres Verständnis für die Zwänge von Politikern in öffentlichen Auftrittssituationen erreicht werden.

1 Rainer Paris, Das politische Sommertheater. Vorgänge 82 (1986), S. 16–19.
2 Zur Unterscheidung von Ausdruck und Darstellung vgl. Lothar Laux, Selbstdarstellung bei der Bewältigung von Emotionen. In: Lothar Laux/Hannelore Weber, Emotionsbewältigung und Selbstdarstellung. Stuttgart 1993, S. 37–69.
3 Zitiert nach Thomas Meyer, Die Inszenierung des Scheins.Voraussetzungen und Folgen symbolischer Politik. Frankfurt/M. 1992, S. 13.
4 Reinhard Tausch/Anne-Marie Tausch, Wege zu uns und anderen. Hamburg 1990
5 Vgl. die Darstellung des amerikanischen Soziologen Sennett: Richard Sennett, Verfall und Ende des öffentlichen Lebens. Die Tyrannei der Intimität. Frankfurt/M. 1983
6 Cora Stephan, Der Betroffenheitskult. Eine politische Sittengeschichte. Berlin 1993
7 Ebenda, S. 41.
8 Ebenda, S. 43.
9 Dirk Käsler, Der politische Skandal. Zur symbolischen und dramaturgischen Qualität von Politik. Opladen 1991
10 Zit. nach Fritz Herre, Bismarck. Der preußische Deutsche. Köln 1991, S. 206.
11 Vgl. Lothar Laux, Selbstdarstellung bei der Bewältigung von Emotionen. In: Lothar Laux/Hannelore Weber, Emotionsbewältigung und Selbstdarstellung. Stuttgart 1993, S. 37–69; vgl. ders., Ausblick: Persönlichkeit und Selbstdarstellung beim Bewältigen von Emotionen. Ebenda, S. 142–151.
12 Paul Ekman, Universals and cultural differences in facial expressions of emotion. In: Cole, J.R. (Ed.), Nebraska Symposium on Motivation. Lincoln 1972, S. 207–281.

13 Arlie R. Hochschild, Das gekaufte Herz. Zur Kommerzialisierung der Gefühle. Frankfurt 1990
14 Raphael Diepgen, Wie sorg-los sind die Mächtigen? Psychologie heute 9 (1988), S. 52–57.
15 In der Emotionsforschung wird dieser Standpunkt vertreten von Arvid Kappas/Ursula Hess, Emotionskontrolle. Psychomed 4 (1992), S. 91–96.
16 Siehe Anm. 13.
17 Ebenda.
18 Irmela Florin, Bewältigungsverhalten und Krankheit. In: Heinz-Dieter Basler/Irmela Florin (Hrsg.), Klinische Psychologie und körperliche Krankheit. Stuttgart 1985, S. 126–145.
19 Vgl. Wolfgang Herles, Das Saumagen-Syndrom. Die Deutschen und ihre Politik. München 1994
20 Rudolf Großkopff, Der Zorn des Kanzlers. Gefühle in der Politik. Bonn 1994
21 Ulrich Sarcinelli, Symbolische Politik. Zur Bedeutung symbolischen Handelns in der Wahlkampfkommunikation der Bundesrepublik Deutschland. Opladen 1987
22 Andrea Abele, Wir haben gewonnen. Zur Kommentierung von Ergebnissen der Bundestagswahl 1987 durch die betroffenen Politiker. In: Zeitschrift für Sozialpsychologie 20 (1989), S. 38–56.
23 Ebenda, S. 55.
24 Dieter Lattmann, Die Einsamkeit des Politikers. München 1977, S. 8.
25 Diagnostisches und statistisches Manual psychischer Störungen. DSM-III-R. Deutsche Bearbeitung und Einführung von Hans-Ulrich Wittchen/Henning Saß/ Michael Saudig/Karl Koehler. Weinheim 1989
26 Siehe auch das Standardwerk von Peter Fiedler, Persönlichkeitsstörungen. Weinheim 1994
27 Jerrold M. Post, Current concepts of the narcissistic personality: Implications for political psychology. Political Psychology 14 (1993), S. 99–121; vgl. auch Hans-Jürgen Wirth, Das Barschel-Pfeiffer-Syndrom. Psychoanalytische Aspekte einer narzißtischen Kollusion. Psychosozial 14 (1991), S. 86–98.
28 Jerrold M. Post, siehe Anm. 27, S. 110.
29 Karen Horney, Neurose und menschliches Wachstum. Das Ringen um Selbstverwirklichung. Frankfurt/M. 1991
30 Theo Herrmann, Lehrbuch der empirischen Persönlichkeitsforschung. Göttingen 1991, S. 25.
31 Vgl. Ulrich Beck, Die Erfindung des Politischen. Frankfurt/M. 1993
32 Ein amerikanisches Standardwerk zu dem Thema stammt von den Psychologen Charles R. Snyder/Howard L. Fromkin, Uniqueness. The human pursuit of difference. New York 1982
33 Franz J. Strauß, Erinnerungen. o.O. 1989, S. 159.
34 Rolf H. Ruhleder, Rhetorik, Kinesik, Dialektik. Bad Harzburg 1984, S. 69.
35 Ebenda, S. 73.
36 Einen individuumszentrierten Rhetorikkurs stellen Strikker und Strikker vor: Frank Strikker/Heidrun Strikker, Redekunst im Rampenlicht. Mit Persönlichkeit, NLP und Kreativität überzeugen. Landsberg/Lech 1994.
37 Siehe Anm. 33.
38 Ebenda, S. 158.

39 Vgl. Steven de Shazer, Das Spiel mit den Unterschieden. Wie therapeutische Lösungen lösen. Heidelberg 1992; Peter Kaimer, Lösungsorientiert zuerst! Ein Vorschlag. Verhaltenstherapie und psychosoziale Praxis 3 (1995), S. 389–404; Lothar Laux, Die Integration von idiographischer und nomothetischer Persönlichkeitspsychologie. In: Andreas Kruse/Reinhardt Schmitz-Scherzer (Hrsg.), Psychologie der Lebensalter. Darmstadt 1995

40 Ein Kommunikationstraining, das auf den genannten Prinzipien basiert, habe ich zusammen mit Astrid Wengenmayr entwickelt: Lothar Laux/Astrid Wengenmayr, Ressourcenorientiertes Kommunikationstraining. Unveröffentlichtes Manuskript, 1995. Wir unterscheiden zwischen Ressourcenfreisetzung (Ausschöpfen eigener Ressourcen) und Ressourcenerweiterung (Erwerb neuer Ressourcen).

41 Erhard Eppler, Das Schwerste ist Glaubwürdigkeit. Gespräche über ein Politikerleben mit Freimut Duve. Reinbek 1978, S. 169.

42 Ebenda, S. 170.

43 Al Gore, Wege zum Gleichgewicht. Ein Marshallplan für die Erde. Frankfurt/M. 1994

44 Ebenda, S. 21.

45 Ursula Saletin, Ich bleibe Rita Süssmuth. Eine Biographie. Freiburg 1993

46 Siehe Anm. 19.

47 Es handelt sich um eine persönliche Mitteilung im Rahmen eines ausführlichen Gesprächs. Darüber hinaus verdanke ich Herrn Buchheim viele weitere Anregungen zu den Themen dieses Buches.

48 Donald Meichenbaum, Intervention bei Streß. Anwendung und Wirkung des Streßimpfungstrainings. Bern 1991

49 Vgl. Astrid Schütz/Lothar Laux, Erhöhung der Sensibilität von Schülern gegenüber Formen der Selbstdarstellung bei Politikern. Unveröffentlichter Abschlußbericht über ein Forschungsprojekt des Forschungsfonds »Psychologie der politischen Bildungsarbeit«. Bamberg 1989

50 Andreas Maschmann, Erfassung und Training der Sensibilität gegenüber politischer Selbstdarstellung. Unveröffentlichte Diplomarbeit. Universität Bamberg 1988

51 Franz Caspar, Beziehungen und Probleme verstehen. Eine Einführung in die psychotherapeutische Plananalyse. Bern 1989

52 Vgl. Astrid Schütz, Selbstdarstellung von Politikern. Analyse von Wahlkampfauftritten. Weinheim 1992; sowie Werner Oslislo, Die Plananalyse als Diagnostikum von Formen der Selbstdarstellung bei Spitzenpolitikern. Unveröffentliche Diplomarbeit. Universität Bamberg 1987

5. Das Saumagen-Syndrom: Ein Interview mit Wolfgang Herles[1]

Von Lothar Laux

Herles, Wolfgang, Dr., geboren 1950 in Tittling/Niederbayern. Jugend in Lindau/Bodensee. Studium der Neueren Deutschen Literatur, Geschichte und Psychologie in München. Promotion 1980: ›Der Beziehungswandel zwischen Mensch und Natur im Spiegel der deutschen Literatur seit 1945‹. Deutsche Journalistenschule. Bonner Korrespondent des Bayerischen Rundfunks (1975–1980). Redakteur des TV-Magazins ›Report-München‹ (1980–1984). Stellvertretender Hauptredaktionsleiter Innenpolitik ZDF (1984–1987). Leiter des ZDF-Studios Bonn (1987–1991). Moderator ›Streitfall‹ (ZDF) und ›Schrifttypen‹ (3-SAT). Moderiert seit Januar 1993 ›Live‹, die Talkshow des ZDF, aus der Alten Oper Frankfurt. Redaktionsleiter und Autor der Porträtreihe ›Köpfe‹. Veröffentlichungen: ›Nationalrausch‹ (1990), ›Geteilte Freude‹ (1992), ›Das Saumagen-Syndrom‹ (1994).

LAUX: Sie waren vier Jahre lang Leiter des ZDF-Studios Bonn und sind dann 1991 zurückgetreten. Während Ihrer Bonner Zeit lagen Sie nicht immer im Trend: Sie übten schon mal Kritik am Kanzler und CDU-Vorsitzenden. Sie ließen auch Kanzlerparodien durchgehen.

HERLES: Das war aber nur ein Punkt von vielen, nicht der entscheidende.

LAUX: In der ›Zeit‹ (31, 1991, S. 8) hieß es damals: »Der Bonner Studioleiter erfüllte die mit seinem Unionsticket verbundenen Erwartungen nicht, sondern entpuppte sich als richtiger Journalist.«

HERLES: Ja, da sind wir schon beim Kern der ganzen Angelegenheit. Auch der Spielraum von Politikern, welche Art von Selbstbild oder Selbstdarstellung sie sich leisten können, ist sehr stark determiniert von der Erwartungshaltung. Die Erwartungshaltung wiederum ist sehr stark determiniert von den inneren Hierarchien und von dem – wie ich es beschreibe – Lehensystem. Ich bin zwar kein Politiker, aber ein öffentlich-rechtlicher Fernsehmann hat eben – wie die Metapher Ticket sagt – eine Zuordnung, und wenn man diesem Rollenbild, das von einem erwartet wird, nicht entspricht, dann ist man der größere Sünder als der, der das andere, das nicht regierungsfreundliche Ticket hat. Das war das Problem. Ich habe eine Regel verletzt. Richtig zerriß das Tischtuch erst anläßlich meines Kommentars zur Ablösung von Geißler als Generalsekretär der CDU. Da habe ich für Geißler Stellung genommen in einem Kommentar auf dem Sender. Danach wurde ich sozusagen in die Kiste Geißler gesteckt, und Geißler hieß damals Palastrevolte. Also gehörte ich plötzlich zu den – obwohl ich damit überhaupt nichts zu tun hatte – innerparteilichen Opponenten des Vorsitzenden.

LAUX: Zu Beginn Ihrer Fernsehkarriere galten Sie noch als katholisch-konservativ?

HERLES: Ja, ja, klar, aber was ist schon katholisch-konservativ? Das Entscheidende, das war der Anfang, das war im Sommer '89. Eskaliert ist das Ganze dann in den Monaten der sogenannten Wiedervereinigung an der nationalen Frage. Da war ich alles andere als konservativ, ich war gegen diese Art von Wiedervereinigung, bin ich auch heute noch, und das ging natürlich in dieser Zeit nicht zusammen, ging auch mit dem ZDF nicht zusammen. Weil man von mir zwei Rollen verlangt hat: Chefkorrespondent und Repräsentant des ZDF in Bonn, das sind zwei Rollen, die in friedlichen Zeiten vielleicht miteinander zu vereinbaren sind. Aber wenn man den Job als Chefkorrespondent ernst nimmt, kann man nicht gleichzeitig am Hofe wohlgelitten sein.

LAUX: Zu Zeiten der ›Was nun...?‹-Sendungen waren das klare Rollen: Klaus Bresser eher SPD-nah und Sie eher CDU/CSU-nah ...

HERLES: Richtig, und da kam es auch nicht zu einem Konflikt, weil diese Sendung ein einfaches Strickmuster hatte. Man hat den Fragen auch nicht angemerkt, aus welcher Richtung sie gestellt wurden. Sie wurden ja auch gemeinsam erarbeitet. Aber in Bonn war ich auf einem viel ausgesetzteren Posten. Jeder einzelne Kommentar, jeder einzelne Moderationstext war viel deutlicher Meinung und war auch sehr viel enger mit meiner Person verbunden.

Saumagen und Saumagen light

LAUX: Herr Herles, Sie haben in Ihrem neuesten Buch die Metapher vom »Saumagen-Syndrom« geprägt[2]. Das Saumagen-Syndrom, so schreiben Sie, drückt den gegenwärtigen Zeitgeist aus. Der Begriff »Saumagen« bezeichnet eigentlich nur die Hülle des Gerichts aus der Pfalz. Was in den Magenwänden der Sau steckt, wird nicht mitgeteilt. Stil und Lebensformen von Politikern, also Äußeres, nicht politische Inhalte sind das Thema. Dabei geht es Ihnen nicht, wie man meinen könnte, in erster Linie um Helmut Kohl: Das Saumagen-Syndrom vereint Politiker, deren Weltanschauung und politisches Verständnis sich drastisch unterscheiden. Sie sprechen von »Saumagen light« und meinen damit die moderne Variante, die durch Rudolf Scharping vertreten wird, sozusagen alter Wein in einer neuen, etwas schlanker gestylten Flasche. Mir ist die Bedeutung der Metapher im Hinblick auf die Persönlichkeit des Politikers nicht ganz klar. Saumagen, sagen Sie, bezeichnet die Hülle, nicht den Inhalt, und die Hülle entspricht dem Stil, der Lebensform. Was ist dann aber der Inhalt, die Politik des jeweiligen Politikers oder seine Persönlichkeit?

HERLES: Ja, in dem Fall eher Politik im engeren Sinne. Ich finde, daß die politischen Programme der beiden großen Parteien – die FDP kann man noch dazunehmen – heute nicht mehr klar voneinander unterscheidbar sind. Um so mehr kommt es auf die Darstellung, auf den Lebensstil, auf das Auftreten der Politiker an. Parteien werden heute weniger an Programmen als an Personen gemessen. Wenn Personen nicht mehr für unterschiedliche Programme und Weltanschauungen stehen, unterscheidet man ihre Lebensstile – etwas, das besonders in den USA stark ausgeprägt ist. Jede Metapher hat ihre Grenzen, das ist klar. Aber es stimmt doch, daß in einem Saumagen eben sehr viel drin ist, was nicht mehr klar zu differenzieren ist, ein undefinierbares Durcheinander.

LAUX: Worin sehen Sie die Ursache für das Durcheinander und die Verwaschenheit in den Programmen?

HERLES: Das hängt mit der Pluralisierung der Gesellschaft zusammen, mit dem Zusammenbruch der alten gesellschaftlichen Ordnung. Die klassischen demographischen Faktoren wie Religion, soziale Herkunft, Region, spielen eine immer geringere Rolle. So kommt es, daß die Parteiprogramme immer mehr zu einem Konglomerat von divergierenden Interessen werden.

LAUX: Sie verwenden die Metapher aber auch für die Unterscheidung von substantieller Persönlichkeit und äußerer Erscheinung: Wer herumläuft wie Kohl – so schreiben Sie –, hat einfach Wichtigeres im Kopf, als gut auszusehen. Auch Genschers gelber Pullunder sei nur eine etwas grellere Variante der graublaubraunen Kanzlergewänder. Das Outfit des Wahlkämpfers – so fassen Sie zusammen – entspricht also der Magenwand der Sau: Beide lassen nichts von der Köstlichkeit ihres Inhalts verlauten. Sie postulieren auch eine Art Identität zwischen dem Saumagen als Ware und dem Wähler als Käufer.

HERLES: Mit der Wahl des Politikers bringt der Wähler etwas von sich selbst zum Ausdruck. Er will im Gewählten seine Werte und Wünsche wiedererkennen.

Der Mann hat für mich einen hohen Grad von Authentizität

LAUX: Eines der Hauptthemen unseres Buches ist die Glaubwürdigkeit der Politiker. Welche Politiker sind denn für Sie besonders glaubwürdig?

HERLES: Mit Sicherheit nicht die ganz erfolgreichen, das ist meine These. Glaubwürdigkeit und Erfolg widersprechen sich partiell. Heiner Geißler ist für mich äußerst glaubwürdig. Der Mann hat für mich einen hohen Grad von Authentizität: Er sagt, was er denkt, und er tut das mit einer hohen Überzeugungskraft, sowohl was die argumentative Ebene wie auch was die emotionale Ebene – wenn man es übertreiben will, kann man auch sagen, was die moralische Ebene – angeht.

LAUX: Darf ich da kurz widersprechen: Es fällt doch auf, daß er immer dann, wenn er nach seinem Verhältnis zu Kohl gefragt wird, sich eher bedeckt hält. Außerdem hat er in der Vergangenheit als Generalsekretär der CDU den politischen Gegner oft in maßlos überzogener Weise angegriffen. Parteitaktik stand dabei im Vordergrund.

Hoher Grad von Authentizität

HERLES: Gut, darauf kann man antworten, auch Geißler ist natürlich ein Politiker von Beruf und zeigt das entsprechende Rollenverhalten. Die Selbstdarstellung hängt von der Rolle ab, die man einnimmt. In dem Moment, wo einer Bundespräsident wird, ist er nicht mehr Fraktionschef und Einpeitscher. Beispiel: Karl Carstens. Und so war es auch bei Geißler. In seiner Rolle als CDU-Generalsekretär war er sozusagen von der Rolle her der Angreifer, der Chefwahlkämpfer. Das ist das eine. Das andere ist: Auch Geißler kann es natürlich nicht übertreiben, er kann sich nicht jeden Tag hinstellen und sagen: »Mein Kanzler irrt«, sondern er muß im Rahmen dessen bleiben, was möglich ist. Diesen Rahmen schöpft kaum ein Politiker so weit aus wie eben er. Die Parteisolidarität ist wahrscheinlich in unserem System der stärkste Zwang überhaupt, und wenn eine Partei so auf eine Person fixiert ist wie in den letzten 13 Jahren die CDU, dann ist Loyalität oder Solidarität – Sie können jetzt alle Wörter nehmen, die es gibt, bis hin zum Duckmäusertum –, dann ist die Angepaßtheit an diese Landmarke bei allen da, aber in relativ unterschiedlicher Weise und bei Geißler in relativ sehr unterschiedlicher Weise.

LAUX: Fällt Ihnen dazu ein treffendes Beispiel ein?

HERLES: Darf ich da noch einen Satz dazu sagen, weil der wichtig ist: Auch Geißler ist keiner, der – wie ein unabhängiger Journalist es könnte – nur seine Meinung verkauft, sondern Geißler ist ein Vollblutpolitiker, d.h. er will Dinge in seinem Sinne verändern. Wenn ich Dinge in meinem Sinne verändern möchte, darf ich nicht Mehrheiten von vornherein ausschlagen, sondern ich muß versuchen, Mehrheiten zu gewinnen. Also muß ich mich in einer Partei in einer gewissen Weise angepaßt verhalten, sonst habe ich keine Chance zur Mehrheit.

LAUX: Gibt es denn ein Beispiel dafür im politischen Wirken von Geißler, vielleicht eine Rede, eine besondere einzelne Handlung?

HERLES: Ja, ich finde, wie er sich z. B. für die Integration von Ausländern bei uns einsetzt. Da gibt es nicht eine Rede, sondern jede Menge von Reden, auch seine Bücher sind zu nennen. Da mutet er seiner Partei das Äußerste zu. Das ist nun mal die Partei, in der allein der Begriff »multikulturell« ein rotes Tuch darstellt, und trotzdem versucht er, es zu penetrieren. Er versucht, eine Einstellungsänderung zu bewirken, indem er das immer wieder bringt.

LAUX: Ich hätte mich nicht gewundert, wenn Sie auch Richard von Weizsäcker genannt hätten!

HERLES: Ja, den hätte ich auch nennen können, Geißler ist nicht der einzige. Wir können auch über andere reden. Norbert Blüm z. B. ist ein Mann, der für mich eine hohe Glaubwürdigkeit hat, der auch ein hohes Maß an Identität aufweist zwischen dem, was er politisch verkauft und dem, was er wirklich denkt und fühlt. Das Verkaufen wird aber leicht zu einer Masche, läuft sich tot und ist dann reine Performance.

LAUX: Vielleicht können wir dieses Thema einmal an einem Beispiel durchspielen. Norbert Blüm kämpfte 1987 gegen die Menschenrechtsverletzungen in Chile. Er war selbst nach Chile gereist, um den Diktator Pinochet mit der Folterpraxis zu konfrontieren. Ein furchtloser Einzelkämpfer. Das öffentliche Bild, das er durch seine Auftritte vermittelte, entsprach sicherlich seinen Überzeugungen. Aber sollte die Aktion nicht auch sein Image stärken, denn er war ja der Herausforderer von Johannes Rau in Nordrhein-Westfalen? Thomas Meyer hat dieses Medienereignis analysiert und fragt: »(1) War es ein in der Strategiezentrale des Konrad-Adenauer-Hauses geplantes Manöver nach allen Regeln der Medienwirkung, um eine falsche Fährte zu legen, die sich politisch auszahlt? (2) War es die glückliche, aber ungeplante Koinzidenz von Strategieplanung und persönlichen Regungen? (3) Oder war es der Versuch eines der versiertesten politischen Inszenierer, eine komplexe Situation mehrdeutig zu nutzen, um eindeutig persönliches mage zu prägen?«[3]

HERLES: Überwiegend zwei, mit kleineren Anteilen von drei. Es gibt ja nicht nur die Strategie der Partei, sondern es gibt auch die persönliche Strategie des Norbert Blüm, der sich innerhalb seiner Partei auf dem linken Flügel positionieren möchte. Also, das Ding hat mehrere Fronten, auch eine innerparteiliche Front. Die Provokation, die er damit bei dem rechten Flügel seiner eigenen Partei hervorruft, ist ja auch erwünscht, insofern auch inszeniert. Trotzdem glaube ich, daß er das nicht täte, wenn er nicht wirklich davon überzeugt wäre. Norbert Blüm hat etwas Ministrantenhaftes. Er meint das alles unendlich gut, und er meint es auch ernst, und trotzdem spielt er eben seine Rolle.

LAUX: Für die Journalistin Cora Stephan ist Blüm das Paradebeispiel für den »Betroffenheitskult«.[4] Danach gewinnt heute derjenige in der Politik, der seine Betroffenheit am schönsten zur Schau stellt. – Ich finde eigentlich, daß Blüm Egoismus und Altruismus kunstvoll miteinander verbindet. Man kann natürlich sagen, die Menschenrechtsverletzungen in Chile waren in der Öffentlichkeit längst bekannt. So gesehen, hätte es der Medienauftritte von Blüm nicht bedurft. Aber dadurch, daß er die Menschenrechtsverletzungen zu seinem persönlichen Thema gemacht hat, resultierte am Ende auch Engagement für die betroffenen Chilenen. Politisch kam also etwas dabei heraus. Das Publikum kennt aber inzwischen die Blümschen Inszenierungen. Er macht es zu oft; er neigt – wie Meyer hervorhebt – zu Überinszenierungen.

HERLES: Dagegen könnte man sagen, daß die Menschenrechtspolitik nicht das ist, was über den Erfolg von Norbert Blüm entscheidet, sondern er ist Sozialminister, und welches Image er in der Öffentlichkeit hat, hängt nicht von seinem Einsatz für Menschenrechte ab, sondern davon, was mit den Renten, mit der Pflegeversicherung passiert.

LAUX: Sicherlich, aber damals war er der Herausforderer von Rau in Nordrhein-Westfalen.

HERLES: Ja, gut, aber auch da wird er nicht daran gemessen, was er in Chile macht. Insofern war das eine Zutat, aber kein Essential; was die Essentials angeht, hat er mehr Stehvermögen, als man glaubt. Allein die Diskussion um die Pflegeversicherung, die ich jetzt quantitativ gar nicht beurteilen will: Das Ding gegen dermaßen viele Widerstände durchgesetzt zu haben, ist schon auch ein politischer Kraftakt. Dazu gehört, daß man nicht 10mal, nicht 50mal, sondern daß man 500mal den gleichen Leuten die gleichen Argumente immer wieder neu erzählt, unerläßlich für etwas wirbt. Das ist eine Eigenschaft, für die ich Politiker manchmal sogar bewundere. Ich halte das für eine der kardinalen Voraussetzungen, wenn man in diesen Beruf geht. Man muß wahnsinnige Ausdauer haben, immer wieder das gleiche zu erzählen. Das schafft man nur, wenn man das, was man 100mal erzählt, auch wirklich glaubt, wenn wirklich Überzeugung dahintersteckt.

LAUX: Mich beeindruckt das schon, daß Sie sich so klar für Norbert Blüm aussprechen. Ihnen als Fernsehjournalisten müßte es ja am ehesten auffallen, wenn da eine Diskrepanz wäre ...

HERLES: Es gibt halt Leute, die betroffener sind als andere, die emotionaler sind als andere. Norbert Blüm ist ein Bauchpolitiker, die Mehrheit ist es nicht. Die Mehrheit besteht aus Zynikern oder Pragmatikern. Noch ein anderes Beispiel: Ich glaube, ein sehr authentischer Politiker ist Manfred Kanther. Der Mann frißt kein Kilo Kreide, wenn er in die Talkshow geht. Er kann nie ganz verleugnen, was für ein harter Knochen er ist. Das ist das Authentische an ihm. Ein Mann, der auf Selbstdarstellung im Sinne von Charme, Gefälligkeit, Brillanz (a) verzichtet, weil er dessen nicht fähig ist, und (b) darauf verzichtet, weil es überhaupt nicht seinem autoritären Verständnis von Politik und Staat entspricht. Er hat ein autoritäres obrigkeitsstaatliches Verständnis. Er ist der Innenminister, er ist der Boß. Er hat es eigentlich nicht nötig, sich in eine Talkshow zu setzen und für irgend etwas zu werben. Er weiß, was dem Volk guttut. Damit kommt er bei seiner Klientel gut an. Der Mann ist einer, der auf Selbstdarstellung verzichtet. Nun kann man argumentieren: Das ist 'ne Masche. Aber es ist eben nicht 'ne Masche, denn er ist der Nachfolger von Dregger, das Ziehkind von Dregger. Er ist der Law-and-Order-Mann. Wir haben eine Identität von Rolle und Bewußtsein. Deswegen ist er für mich ein authentischer Politiker – so wenig ich ihn mag.

LAUX: Auf die knallharte Offenheit kann das jeweilige Publikum ganz unterschiedlich reagieren. Nach dem Rücktritt von Björn Engholm verkündete Gerhard Schröder ganz ungeschminkt, alles zu wollen: Parteivorsitz und Kanzlerkandidatur. Rudolf Scharping hielt sich »bescheiden« zurück und bekam dann schließlich beides.

HERLES: Ja, Scharping ist – vereinfacht ausgedrückt – der unaufrichtigere dabei gewesen. Ich halte Schröder für den offeneren Politiker. Er steht allerdings auch näher am Abgrund; er hat sich lange nicht so gut in der Hand wie Scharping. Scharping weiß genau: »Ich möchte Kanzler werden.« Und er will das nicht unbedingt in den nächsten vier Wochen; es ist sein Lebensziel. Darin ähnelt er sehr stark Kohl. Der hält auch vier Jahre Opposition durch und hat dann nichts verloren. Man soll sich da nicht täuschen: Der nächste Kanzlerkandidat der SPD heißt wieder Scharping, davor waren es Rau, Vogel, Lafontaine und Engholm. Keiner war es länger als ein paar Monate. Scharping und Kohl, die beiden Rheinland-Pfälzer, sind sich von der inneren Struktur ähnlicher, als man glaubt. Scharping ist wie Kohl ein kalt kalkulierender Mann. Schröder ist derjenige, der Spaß an der Macht und am Spiel hat und deshalb auch mal 'ne freche Schnauze. Er ist nicht machtgeiler als Scharping, obwohl er so wirkt. Deshalb muß er nicht der überzeugendere Politiker sein, das hängt ja dann mehr von den Inhalten ab. Auch da hat Schröder ja – das ist wahrscheinlich eine Altersfrage – wie Joschka Fischer eine starke Bewegung zum Pragmatismus hin gemacht. Wie er heute etwa in der Energiefrage kompromißbereit ist oder wie er, als es um VW ging, sich zum Fürsprecher eines Großkonzerns gemacht hat – sicher wegen der Arbeitsplätze in seinem Land –, das hat gar nichts mehr mit dem zu tun, was Schröder als Vorsitzender der Jusos verkörpert hat. Schröder hat sich im Lauf des Lebens verändert als Politiker, aber das ist ein anderes Thema.

Bundeskanzler Helmut Kohl im Rauschzustand

LAUX: Manchmal kollidiert der Gefühlsausdruck mit den Erwartungen, die die Öffentlichkeit an den Träger eines politischen Amtes richtet. Ist es nicht ein Zeichen von Unbeherrschtheit, wenn der Minister Blüm angesichts des Elends in der Welt weint? Es gibt vielleicht ein besseres Beispiel: Helmut Kohl, der in Halle 1991 auf Eierwerfer losgestürmt ist. Darf ein Regierungschef so unbeherrscht auftreten? Darf er einfach »Mensch« sein, oder muß er nicht auch – etwas hochtrabend formuliert – an die Würde seines Amtes denken?

HERLES: Es gibt schlimmere Arten von Unbeherrschtheit als einen Eierwerfer direkt zu attackieren. Da war er mir eher sympathisch in der Situation, weil er sich nicht versteckt hat hinter einer Rolle. Da hat er sein hohes Aggressionspotential direkt umgesetzt. Das war, wenn Sie so wollen, glaubwürdig. Viel schlimmer finde ich andere Unbeherrschtheiten, wenn er Leute zur Minna macht, wenn er im Kanzleramt rumbrüllt, wenn er sich in Dinge einmischt, die ihn nichts angehen, wenn er im Grund genommen seine Amtspflichten weit überzieht, indem er sich z. B. in die Rundfunkpolitik einmischt. Es gefällt ihm eine Glosse bei ›Monitor‹ nicht, prompt fordert er die Kastrierung der ARD. Das ist erstens eine Unbeherrschtheit, weil er aus einer persönlichen Beleidigtheit gleich auf das große Ganze schließt, und zweitens ist die Rundfunkpolitik immer noch Sache der Länder, die die Bundesregierung gar nichts angeht. Das, finde ich, sind die schlimmeren Unbeherrschtheiten, denn damit wird Politik gemacht; und das noch Schlimmere ist, daß sich seine Parteifreunde in den Ländern nicht davon distanzieren, sondern dieses Spiel mitmachen. Wenn ich Ministerpräsident eines Landes wäre, würde ich

Ähnlicher als man glaubt

mir nicht gerne aus Bonn vorschreiben lassen, was ich zu tun und zu lassen habe.

LAUX: Es kann sich aber nicht nur um eine Überreaktion auf eine Glosse handeln. Dahinter steht doch auch eine langfristig angelegte politische Strategie. Schließlich wollen ja auch die Landesfürsten Biedenkopf und Stoiber die ARD beschneiden. – Aber jetzt zu einem anderen Thema: Wie beurteilen Sie denn Helmut Kohls persönliche Leistung bei der Wiedervereinigung?

HERLES: Kohl ist – seit ihm die Wiedervereinigung widerfahren ist – sozusagen unverwundbar geworden, er glaubt das auch selber. Die Mehrheit gibt ihm recht, sonst wäre er nicht zweimal wiedergewählt worden, '90 und '94.

LAUX: Selbst Scharping hat kürzlich gesagt, das sei ein klarer Erfolg gewesen, das müsse man neidlos zugestehen.

HERLES: Ein Jahrhundertvolltreffer, egal, wie man zu der Sache steht, und egal wie man Kohls Rolle dabei bemißt oder bewertet. Ich glaube, Kohl ist die Komplexität dieser Geschichte gar nicht klargeworden. Ein anderer hätte die ganzen Schwierigkeiten gesehen und gezögert. Aber weil Kohl nur in Machtkategorien denkt, hat er erst der DDR die Währungsunion 1:1 hingeworfen, damit bekam er die Mehrheit in der Volkskammer im Frühjahr '90. Die Konstellation war günstig. Der mächtigste Mann der östlichen Hemisphäre, Gorbatschow, hatte praktisch den Verstand verloren. Bei uns gab es die Gorbi-Manie. Gorbatschow hat eine Ordnung kampflos aufgegeben, ohne zu wissen, was danach kam, unvorbereitet, ohne Absicherungen. Er hat auch schlecht verhandelt. In welche Schwulität hätte er Deutschland bringen können, wenn er gesagt hätte: »Wiedervereinigung bitte, aber raus aus der NATO«! Da wäre bei uns die Diskussion erst losgegangen. Das hat er aber nicht gemacht, statt dessen hat er sich für wenige Milliarden den Laden abkaufen lassen – vollkommen unprofessionell. Das hat Kohl eiskalt genutzt.

LAUX: Wobei aber die Selbstdarstellung von Gorbatschow schon professionell war!

HERLES: Das war sein Erfolg im Westen; aber er hat ja nicht im Westen kandidiert. Insofern hat er sich da täuschen lassen. Ich weiß nicht, weshalb. Es kann sein, daß er berauscht wurde vom Jubel, von der Zustimmung. Das ist etwas, das ich in dem Buch ›Nationalrausch‹ beschrieben habe, das aber jetzt in diesen Kontext paßt. Der »Nationalrausch«, das war mehrdeutig gemeint, war nicht nur das Aufkommen des Nationalismus; es gab da verschiedene Rauschzustände: den Rausch der Geschwindigkeit damals, vor allem aber auch den Rausch, den ich miterlebt habe in diesem ersten Volkskammerwahlkampf. Da waren zweihundert-, dreihunderttausend Menschen auf den Beinen, wenn ein westdeutscher Spitzenpolitiker auftrat. Kohl ist noch nie in seinem Leben so hemmungslos zugejubelt worden, die Hoffnungen von Millionen Menschen lagen ihm zu Füßen. Der war ein Gott, der schwebte als Gott durch dieses gottverlassene Land DDR. Das Wort »Hoffnungsträger« ist ja bei uns schon inflationiert, aber dort hatte es seine eigentliche Bedeutung. Und in dieser Situation angehimmelt, geliebt, verehrt und alle Hoffnungen auf sich versammelt zu sehen, hat er keine Wahl mehr gehabt. Diese Menschen sollten ihn persönlich wählen dürfen. Die ganze politische Klasse war in einem Rauschzustand. Sonst brauchen Politiker acht Jahre, um 2 % Rentenerhöhung durchzukriegen. Und plötzlich konnten sie in ein paar Monaten die ganze Weltordnung umschmeißen. Jedenfalls hatten sie die Illusion, daß sie es könnten, daß sie sich in den Geschichtsbüchern verewigen könnten. Das waren – im engeren Sinn des Wortes – Rauschzustände.

Im Aufwind

LAUX: Was verbinden Sie eigentlich in Ihrem Geschäft mit dem Begriff Selbstdarstellung? Ist das für Sie ein eher negativer Begriff? Ist der Selbstdarsteller für Sie ein Blender?

HERLES: Ich bin froh, wenn ich Leute in der Sendung habe, die Selbstdarstellung einigermaßen beherrschen. Wenn einer ausschließlich ein Selbstdarsteller ist, ist das natürlich zu wenig. Das merkt man dann aber sehr schnell. Das war der Fall Möllemann.

LAUX: Der kommt bei Ihnen schlecht weg. Sie schreiben, er hatte es ohne den leisesten Nachweis von Erfahrung und Sachkenntnis zum Wirtschaftsminister gebracht.

HERLES: Ich verteidige ihn aber auch, weil er für mich das Opfer ist, das die politische Klasse bringt. Er wurde als einer abgelehnt, der alle schlechten Politikereigenschaften verkörpert. Er mußte für viele andere mitbüßen.

LAUX: Aber Sie schreiben auch, er hatte kaum Ahnung von seinem Job. Ist das Urteil nicht zu hart? Nach seinem Rücktritt als Wirtschaftsminister hat ihm der Mercedes-Chef Reuter ausdrücklich Kompetenz bescheinigt. Er hat ja nun auch politisch einiges bewirkt. Ich erinnere mich noch daran, daß er als Bildungsminister bestimmte Sonderprogramme im Bereich der Hochschulförderung im Kabinett gegen große Widerstände – die waren nämlich sehr teuer – durchgesetzt hat.

HERLES: Von Wirtschaft hatte er praktisch keine Ahnung. Er war ein Spezialist in Kommunizieren. Er war ein Spezialist in Aktionismus, er konnte so tun, als würde er irgend etwas Neues erfinden, als würde er ein großes Programm auflegen. Das war aber alles nur verbal.

LAUX: Ich meine, er hat aber auch politisch vernünftige

Ansätze vertreten. Nur hat er die dann mit überzogener Effekthascherei selbst wieder in Frage gestellt.

HERLES: Ich will Ihnen ein anderes Beispiel nennen, das das vielleicht beleuchtet. Jetzt war der große Streit innerhalb der Liberalen, wohin die Reise gehen soll. Sollen sie sich mittelfristig von der CDU wieder lösen, wieder mehr sozial – liberale Ideen aufgreifen? Oder sollen sie sich rechts von der CDU positionieren, national-liberal? Diese Debatte fand statt, als Möllemann endgültig nicht mehr zum Zuge kam in Nordrhein-Westfalen. Ich habe mir überlegt, wofür steht eigentlich Möllemann? Mir fiel keine Antwort ein, und es fiel auch keinem anderen eine Antwort ein, d.h. als die ideologische Debatte in der Partei geführt wurde, war der Name Möllemann überhaupt nicht mehr relevant. Das bedeutet, er hat immer nur sich selbst verkauft, nichts anderes.

LAUX: Politische Ereignisse können bekanntlich in selbstdarstellerischer Weise genutzt werden. Thomas Meyer beklagt, daß politische Ereignisse immer häufiger erfunden werden zum Zwecke von Imagebildung.[5] Man spricht von symbolischer Politik. Das ist ja auch etwas, was man Möllemann nachgesagt hat. Als Beispiele nennt Thomas Meyer die Attacke von Blüm gegen die Menschenrechtsverletzungen in Chile oder auch die Rheindurchquerung des früheren Umweltministers Töpfer.[6] Kennen Sie weitere Beispiele für solche Inszenierungen?

HERLES: Zum Beispiel die berühmten Wahlparteitage. Da geht es nur formal darum, den jeweiligen Spitzenkandidaten zu nominieren, das wäre in einer Stunde zu leisten. Die Wahlparteitage werden zu Feldgottesdiensten ausgebaut, zu Startrampen von Kampagnen gemacht, bis in kleinste dramaturgische Details durchgeplant. Das sind richtige Theaterstücke. Auch wenn Sie die UNO-Klimakonferenz nehmen. Keiner erwartet, daß da bahnbrechende Dinge passieren. Die Bundesregierung nimmt sie zum Anlaß, sich selbst zu präsentieren als Motor einer modernen Umweltpolitik.

Politiker: Die sind immer auf Überzeugungstour

LAUX: Wie verhalten sich denn eigentlich Politiker vor und nach ihren Auftritten im Fernsehen? Es kommt doch vorher und nachher schon mal zu persönlichen Gesprächen. Gibt es da auch Diskrepanzen zwischen dem Auftreten in der Sendung und solchen Gesprächen?

HERLES: Ja, klar. Das ist aber auch sehr unterschiedlich, das kann man nicht verallgemeinern. Also das Witzigste, das ich erlebt habe, war bei ›Was nun…?‹, als Schröder und Geißler zusammentrafen, einer von beiden war der Überraschungsgast. Die haben vielleicht eine Show aufgeführt! Man hat gemeint, jetzt ziehen sie gleich die Pistolen, und hinterher in der Maske haben sie sich amüsiert über diese Show.

LAUX: War das irgendwie abgesprochen?

HERLES: Das war nicht abgesprochen, aber in dem Moment haben die das einfach so rein spielerisch, sportlich …

LAUX: War den beiden dies während der Sendung klar, daß es eine Spielerei war?

HERLES: Es ist nicht auszuschließen, weil beide vom Naturell her ja nicht so verschieden sind. Es sind einfach Leute, die Lust am Disput haben. Die haben sich gestritten auf gutem Niveau. Und hinterher fanden sie das ein ganz tolles Match, das sie sich geliefert haben. Es gibt alle Sorten von Politikern. Ich habe auch alle Sorten schon erlebt: Es gibt die beleidigte Leberwurst, die haut hinterher ab, unmittelbar nach der Sendung, weil ihr einer eine Frage gestellt hat, die ihr nicht gepaßt hat. Ich will jetzt keine Namen nennen. Es gibt den Fall, daß nach der Sendung weiterdiskutiert wird und noch besser als in der Sendung, noch ungenierter, noch engagierter, weil die Kameras und die Mikrophone abgeschaltet sind. Es gibt den Fall, da klappen die Leute das Thema nach der Sendung zu wie ein Buch, stecken es in die Tasche, sind froh, daß es vorbei ist, und reden über etwas ganz anderes. Es gibt keine Regel. Ich kann nur tendenziell sagen, daß vielleicht doch Politiker – anders als Journalisten – enger verwoben sind mit ihrer Tätigkeit, mit dem Gegenstand ihres Berufs. Politikern fällt es viel schwerer als anderen, abzuschalten. Eigentlich sind die immer auf Überzeugungstour, egal ob sie dann hinterher beim Bier sitzen oder vor Kameras, vor einem Millionenpublikum. Sie sind immer dabei, andere zu überzeugen, das ist sozusagen ihr Urtrieb. Deswegen sind die meisten Politiker ganz schlechte Zuhörer, sie sind Monologisten. Es gibt auch Ausnahmen, aber ich hab nur ganz wenige erlebt, die gut zugehört haben; die meisten waren Alleinunterhalter.

LAUX: Nehmen die Politiker außerhalb der Sendungen auch schon mal zum Problem der Selbstdarstellung Stellung, machen die sich Gedanken über ihre Wirkung?

HERLES: Ja, selbstverständlich. Sie sind genauso eitel wie Journalisten. Erstens kommen sie immer mit Beraterstäben, mit Pressereferenten usw. an, die ihnen sehr schnell sagen, was gut war, was weniger gut war. Sie sind sehr erpicht darauf, auch Reaktionen zu hören über ihre persönliche Ausstrahlung. Die moderneren, jüngeren Politiker bereiten sich häufig auch vor, indem sie ihre Auftritte proben. Die wissen sehr genau, wie sie wirken.

LAUX: Wenn die Spitzenpolitiker über derartige Beraterstäbe verfügen, dann müßte doch die Kompetenz zur Selbstdarstellung insgesamt besser entwickelt sein oder?

HERLES: Mangelndes Talent, kann man da nur sagen.

Langsam wachsendes Holz

LAUX: In einer ›Was nun...?‹-Sendung mit Scharping Anfang '95 konnten die Zuschauer während der Sendung anrufen und sich zwischen fünf vorgegebenen Eigenschaften entscheiden: 35 % haben ihn als provinziell eingeschätzt, 28 % als zuverlässig, 21 % als spröde. Die wenigen übrigen Stimmen verteilten sich auf »sozial« und »machtbewußt«.

HERLES: Gut, das ist der Unterschied zwischen Amerika und Deutschland. Bei uns wird man Kanzlerkandidat, weil man jahrelang eine Parteikarriere gemacht hat. Die funktioniert nach ganz anderen Kriterien als die Auswahl bei den Präsidentschaftskandidaten in Amerika. Dort geht es darum, wie man direkt auf die Wähler wirkt. Deswegen werden andere Leute Präsidentschaftskandidaten als Kanzlerkandidaten. Es kann mal dazu kommen, daß einer Kanzler wird, der hervorragende Eigenschaften als Kommunikator hat, wobei man auch wieder zwischen Binnenkommunikation und Außenkommunikation unterscheiden muß. Sowohl von der Kandidatennominierung bis zur Durchsetzung einzelner Programmpunkte entscheidet zunächst einmal eine Binnenöffentlichkeit in den Parteien. Auch Entscheidungen im Parlament finden sozusagen innerhalb der Kaste statt. Die eigentliche Politik wird nicht auf dem großen Marktplatz gemacht, sondern in den kleinen Gremien. Selbstdarstellung ist in beiden Bereichen wichtig. Man sollte nicht glauben, daß sich ein Politiker auf einem Parteitag, in einem Vorstand oder in einem Parlament authentischer verhält als beim Wahlkampf in der großen Öffentlichkeit. Aber die Formen der Selbstdarstellung unterscheiden sich.

Scharping ist sicher ein Mann, der großen Qualitäten hat, Mehrheiten in einer Partei, in einem Gremium zu schaffen. Er hat starke moderierende Fähigkeiten. Er verkörpert eine Hausmachervernunft, aber er ist kein Reißer.

LAUX: Er sagt ja von sich selbst: Ich bin langsam wachsendes Holz.

Politiker als Entertainer

LAUX: Mir ist Ihre persönliche Einstellung zum Thema »Politik als Talkshow« nicht klar: Auf der einen Seite greifen Sie ein Wort von Helmut Schmidt auf, der mal der Politik vorgeworfen hat, sie würde zur Talkshow verkommen. Auf der anderen Seite haben Sie selbst politische Talkshows moderiert. Etwas spöttisch könnte man sagen, daß Sie versuchen, Ihre Vergangenheit durch Distanzierung zu bewältigen. Dabei muß man einräumen, daß die ›Was nun...?‹-Sendungen, an denen Sie lange Zeit als Moderator mitgewirkt haben, ja eigentlich gelungene Beispiele für politische Talkshows sind.

HERLES: Eine der wenigen Sendungen, die noch nicht Talkshow heißt, aber das habe ich nicht gemeint.

LAUX: Haben Sie gemeint, daß es akzeptable und abzulehnende Formen von Entertainment in der Politik gibt?

HERLES: Jetzt muß man unterscheiden, ob in der Politik oder in den Medien. Wenn ich sage, die Politik verkommt zur Talkshow, meine ich nicht, daß zu viele Politiker zu oft im Fernsehen sind, sondern ich meine, daß heute Kabinettssitzungen oder Parteitage an eine Talkshow erinnern. Immer mehr erfolgreiche Politiker gewinnen oder verlieren nicht aufgrund ihrer programmatischen Vorstellungen Anhänger – und das heißt zuerst immer im eigenen Lager –, sondern aufgrund ihrer Fähigkeit zu kommunizieren. Das Kommunizieren erweist sich als wichtiger als das programmatische Gestalten. Daß Kommunizieren wichtig ist, brauche ich an dieser Stelle nicht hervorzuheben. Aber wenn die erfolgreichsten Politiker die sind, die am besten moderieren, dann bleibt möglicherweise die Politik, also die Programmatik zurück.

LAUX: Und Moderieren ist dann mit starken Unterhaltungselementen durchsetzt?

HERLES: Ich meine Moderieren im Sinne von Rau: Zusammenführen, dieses gutes Klima schaffen, dieses Innengefühl, dieses Gruppengefühl, diesen Gruppengeist, auch Motivieren. Ich will das gar nicht geringachten. Nur, wenn das ein Übergewicht bekommt, dann führt es in diese programmatische Erstarrung, unter der unsere Politik leidet. Auch Kohl ist kein Gestalter, sondern ein Moderator als Typ.

LAUX: Wenn wir jetzt noch einmal auf die Politiker in Unterhaltungssendungen eingehen, würden Sie sagen, daß ein Auftritt des damaligen Wirtschaftsministers Möllemann in ›Wetten, daß...?‹ – er ist mit einer Sportlerin auf dem Rücken im Wettkampf mit einem anderen Huckepackpaar über die Bühne gerannt – vertretbar ist?

HERLES: Ich bin kein Purist. Warum soll nicht ein Politiker ebenso wie ein Sportler mal zeigen, daß er ein lustiger Knabe ist und ein Späßchen verträgt. Aber ich bin dagegen, daß sich Politiker zum Kasper machen. Es gibt in einem Schäuble-Buch eine Passage, da spricht er – das ist von der Grundidee gar nicht so verkehrt – von der Würde und von der Autorität eines politischen Amtes. Ganz falsch ist das nicht.

LAUX: Das ist etwas, was wir vorhin auch schon einmal besprochen haben, daß der Politiker als Person auch das Amt repräsentieren muß.

HERLES: Nicht im Sinne von obrigkeitsstaatlich: Ich gebe mich nicht ab mit dem Volk. Ich sitze da oben und entscheide einsam. Das Verkommen der politischen Debatte, des Diskurses, ist unser Problem. Der Disput verkommt, (a) weil die Leute immer angepaßter werden, sie sich nichts mehr trauen und (b) weil die Leute, die sich trauen könnten, lieber gleich den Kompromiß suchen. Die Politiker denken in erster Linie: Was bringt es mir? Die denken nicht: Was ist notwendig für das Land, was ist nötig für eine Problemlösung, was ist das Beste, das wir machen können? Die denken: Mit welcher Lösung komme ich am besten über die nächste Wahl?

LAUX: Sie beklagen an einer Stelle Ihres Buches, daß die Deutschen ein Volk ohne Witz seien. Mir fällt auf, daß diejenigen Politiker, die beim »witzlosen« Volk besonders gut ankommen, doch eigentlich Persönlichkeiten mit viel Witz sind, was ihnen auch politische Gegner bescheinigen. Ich denke jetzt an Lafontaine, Fischer oder auch Gysi.

HERLES: Aber es sind alle drei keine besonders erfolgreichen Politiker im Sinne von mehrheitsfähig. Besonders Lafontaine hat ja darunter gelitten. Es sind alle drei eher Ausnahmen.

LAUX: Wie finden Sie denn die Geißeltiermetapher von Roman Herzog? Seine Karriereplanung erinnere ihn an ein Geißeltier: Es liegt ruhig im Wasser; doch was vorbeigeschwommen kommt, das frißt es, wenn es ihm gefällt.

HERLES: Das finde ich witzig, weil das eine Distanz zu sich selber ausdrückt. Witz ist für mich auch eine Art von Distanz, und das ist wirklich der Kern der Geschichte. Distanz ist etwas, was in der Politik hochgefährlich ist. Sie dürfen sich nur vom Gegner distanzieren. Fehler zuzugeben, oder zu sagen »ich weiß nicht«, oder sich zu korrigieren; das sind alles Dinge, die nicht belohnt, sondern sanktioniert werden. Wir haben die Politiker, die unserer Kultur entsprechen.

LAUX: In den USA findet sich ja eine neue Form von investigativem Journalismus, das sog. character-reporting. Das Private wird dann zum Jagdrevier von Reportern, das Liebesleben von Clinton zum Renner im Fernsehen. Fürchten Sie eigentlich, daß diese Welle rüberschwappt auf Deutschland?

HERLES: Da kann ich schnell drauf antworten: (a) Ich befürchte es. Gründe sind die Kommerzialisierung der Medien hier, nicht nur im elektronischen Bereich, und (b) ich halte es für verheerend, weil es dazu führt, daß man von Seiten der Politik noch mehr Inszenierungen, noch mehr Show und noch mehr Unaufrichtigkeit zugleich, noch mehr gestylte Wirklichkeit zu sehen bekommt. Das finde ich nicht in Ordnung. Das war früher anders. Einen früheren Bundeskanzler soll man mal in flagranti mit einer Dame in einem VW-Käfer erwischt haben. Na und ...

LAUX: Der Stilbruch hat dann richtig eingesetzt mit der Rotlichtaffäre von Lafontaine.

HERLES: Diese ganze Skandalserie ist stark beeinflußt vom neuen Medienmarkt.

LAUX: Sie kritisieren, so wie Sie es gerade formuliert haben, die Amerikanisierung des Wahlkampfes, auf der anderen Seite finden Sie es gut, daß in den USA die Spitzenkandidaten von Medienprofis gecoacht werden. Bei deutschen Wahlkämpfern ist das nicht verbreitet?

HERLES: Manche jüngere machen es. An den alten Leitwölfen probiert man auch das eine oder andere aus. Sie erinnern sich an die Brille von Kohl oder jetzt wieder an das Foto ohne Brille. In Amerika geht es um ganz andere Dimensionen. Vor den großen Fernsehdebatten lassen die sich schon mal ein Fernsehstudio nachbauen und üben dann tagelang in den Kulissen. So etwas hat es bei uns noch nicht gegeben. Ich kenne Politiker, die ihr Geschäft ernsthaft betreiben und dann am Nachmittag vor einer Sendung eben nicht »business as usual« machen, sondern sich ausruhen und vorbereiten. Das machen eher wenige.

LAUX: Das würde auch nicht in die Richtung von Verstellung gehen. Bei solch einer Vorbereitung sind sie dann eher in der Lage, sich klar und anschaulich auszudrücken, vielleicht sogar in unterhaltsamer Form ihre Botschaft zu vermitteln. Erteilen Sie oder Ihre Kollegen Politikern auch mal Ratschläge: »Du, Oskar, das mußt du besser so machen?« Duzen Sie sich überhaupt mit Politikern?

HERLES: Ich bin eher die Ausnahme. Ich duze mich mit keinem einzigen Politiker. Ich finde, zur notwendigen Distanz gehört auch das. Ratschläge in diesem engen Sinne habe ich noch nicht gegeben. Man redet nach einer Sendung miteinander und fragt: »Warum haben Sie sich denn so komisch verhalten?« oder »Warum haben Sie denn da nicht besser dies oder jenes gesagt?«. Das macht man im Sinne einer Manöverkritik, aber nicht im Sinne eines Coachings.

LAUX: Das betrifft aber dann mehr die Inhalte als die Form der Präsentation.

HERLES: Als politischer Journalist ist man öfters mit Politikern zusammen, nicht nur als Beobachter; man geht auch mal zusammen essen oder ist zusammen auf einer Reise: Dann unterhält man sich über alles mögliche, nicht nur über Politik.

LAUX: Aber das wird doch dann eine Art von Rollenspiel, wenn Sie hinterher vor der Kamera den kritischen, unabhängigen Journalisten darstellen müssen. Bei einem eher freundschaftlichen Verhältnis können Sie doch nicht mehr konfrontative, offensive Fragen stellen?

HERLES: Man kann mit einem Menschen essen gehen, interessante Gespräche führen, auch mal ein Bier trinken, ohne gleich befreundet zu sein. Man sollte es nur nicht übertreiben. Es gibt Hintergrundzirkel, dort geht man nicht nur hin, um Informationen zu bekommen von den Politikern, sondern es ist auch so, daß sich ähnlich Denkende zusammenfinden und sich gegenseitig Ratschläge geben und sagen: »Hört mal, wenn ihr das und das durchsetzen wollt, dann würde ich dies oder jenes tun.« So wird inoffiziell Beratung betrieben, und damit werden die Rollen vermischt. Den größten Einfluß übt die Politik auf den Journalismus über die Personalpolitik aus. Das hat die Wirkung, daß die »richtigen« Leute auf den journalistischen Stühlen sitzen. Die werden sich dann auch immer als Teil der anderen Seite verstehen.

Die Selbstdarstellung von Journalisten

LAUX: Welche Rolle spielt denn die Selbstdarstellung bei den Journalisten?

HERLES: Das ist wirklich ein Gewerbe, das ist kein bißchen weniger hohl als das der Politik, im Gegenteil. Wenn es um die Selbstdarstellung von Fernsehjournalisten geht, muß man aber daran denken, daß etwa ein Drittel von ihnen nie vor der Kamera steht. Die machen Filme; bei ihnen spielt das Problem der Selbstdarstellung eine viel geringere Rolle. Bei den anderen ist Selbstdarstellung sozusagen Bestandteil des Berufs. Man braucht es gar nicht zu beklagen: Es ist einfach eine Tatsache, daß die Fähigkeiten zur Selbstdarstellung viel entscheidender sind für den Erfolg oder Mißerfolg als die journalistischen Qualitäten, wobei man jetzt streiten könnte, ob es nicht auch eine Form journalistischer Qualität im Fernsehen ist, ein guter Selbstdarsteller zu sein.

LAUX: Wie würden Sie denn Ihre eigene Selbstdarstellung im Laufe der Jahre beurteilen? Zu Zeiten der ›Was nun?‹-Sendung galten Sie ja als jungenhaft frech.

HERLES: Also ich bin nicht der Entertainer. Ich merk' das ja jetzt an ›Live‹.

LAUX: Aber paßt das nicht ganz gut zu themenzentrierten Sendungen?

HERLES: Theoretisch ja, aber man wird ja inzwischen nur noch an Einschaltquoten gemessen. Böhme, der so etwas Ähnliches macht, wedelt mit der Brille und ist in einer ganz besonderen Weise präsent. Obwohl er – wenn man es genau analysiert – eigentlich gar nichts macht, auch viel weniger Fragen stellt, sich weniger zu Wort meldet, wirkt er präsenter als ich. Das ist eine non-verbale Ausstrahlung, die mit Selbstdarstellung zu tun hat. Oder nehmen Sie den Uli Wickert: Das sind ja keine journalistischen Großtaten, ein paar Nachrichtenfilme allgemeinverständlich einzuleiten. Aber was ihm zu seiner großen Popularität verhilft, ist das, was sich nicht in seinen Worten ausdrückt. Dieses Bonvivanthafte, Weltgewandte, Erfahrene, Coole, das ist das, was Wickert verkörpert, und deswegen kaufen die Leute sogar schwache Bücher von ihm.

LAUX: Wie wichtig ist denn Selbstdarstellung bei themenzentrierten Sendungen?

HERLES: Es kommt darauf an, solche Gespräche richtig zu organisieren. Das Gefühl während der Sendung ist: »Mensch, das könntest du selber eigentlich viel besser sagen«, oder »warum läuft das jetzt in die Richtung und nicht in die andere?«. Ich gehe immer von einem Ideal aus. Da sitzen aber jetzt diese Typen, die überhaupt nicht wissen, was man sich gedacht hat (die Gäste), und bringen das möglicherweise nicht so rüber, wie man sich das vorstellt, und dann macht man sich Gedanken: Ist das deine Schuld, hast du die falschen Leute eingeladen, animierst du die nicht richtig, schaffst du hier nicht die richtige Stimmung? Das ist das, was mich viel mehr beschäftigt, als die Frage: Wie wirke ich auf das Publikum?

LAUX: Ich meine, das interagiert ja.

HERLES: Es interagiert, aber ich denk mir nicht vor der Sendung aus, wie ich am besten rüberkomme, sondern mein Problem ist: Ist es eine gute Diskussion oder nicht? Ich selber rücke immer weiter weg von dieser Talkshowmanie. Es ist klar, im Fernsehen wird es immer Gesprächsendungen geben, die sind auch billig zu produzieren. Es ist auch wichtig, daß man solche Foren im Fernsehen hat, ich will das gar nicht kleinreden. Nur es ist (a) eine Inflation und (b) es kommt am Ende weniger dabei raus, als wenn man gut vorbereitete, gut recherchierte Dokumentationen sendet. Und im Moment ist der Trend durch die Kommerzialisierung, daß immer weniger Dokumentationen und immer mehr Talkshows gesendet werden. Und deswegen ist meine eigene Befriedigung im journalistischen Sinne – nicht meine Eitelkeit, die ist bei der Talkshow gut aufgehoben – größer, wenn ich ein Porträt mache, mich im Film mit einem Menschen beschäftige und nicht nur eine Stunde quatsche.

Der politische Wert des Individualismus

LAUX: In dem Buch haben Sie eine ganze Reihe von Typologien von Politikern referiert. Sie leiten sogar eine weitere Typologie aus den Karrieremustern ab: den Ochsen, den Vereinsmeier, den Streber, den Blender und den Virtuosen. Sie sagen aber selbst, daß all diese Einteilungsversuche der Individualität des einzelnen Politikers nicht gerecht werden. Konsequenterweise treten Sie in Ihrem letzten Kapitel für ein Politikverständnis ein, das den Wert des unverwechselbaren, einzigartigen Individuums betont. Ihr Credo ist, daß mehr Individualisten in der Politik die Unterscheidbarkeit der Parteien stärken würden. Worauf gründet sich diese Überzeugung? Ich meine, die Individualisten aus verschiedenen Parteien könnten doch auch gemeinsame Sache machen, weil sie sich in gewisser Weise einig sind.

HERLES: Ein guter Einwand. Aber ich will erklären, wie ich dazu kam. Dieses Schlußkapitel ist eine Antwort auf dieTendenz, alles ein bißchen zu verteufeln, was die westdeutsche Gesellschaft bisher ausgezeichnet hat, nämlich Pluralismus, Individualismus, Hedonismus, wie auch immer man das bezeichnen mag. Statt dessen werden wieder Werte wie Disziplin, Verantwortung, Nation und so etwas gefordert – und das mag ich nicht. Der Kern meiner Kritik an der politischen Klasse ist, daß Leute mit guten Ideen gar keine Gelegenheit bekommen, in wichtige politische Ämter vorzurücken, daß die Parteien eine Selektion betreiben, die Anpasser bevorzugt. Wenn man sich jetzt vorstellt, daß unangepaßte Leute in den Parteien mehr zu sagen hätten, dann hätten wir auch – glaube ich – programmatisch besser erkennbare Parteien. Die Parteien unterscheiden sich nach dem Wegfall des großen Themas »links – rechts«, »Sozialismus – Kapitalismus« gar nicht mehr sosehr. Es sind keine Weltanschauungsparteien mehr. Wenn ich keine Weltanschauungsparteien mehr habe, dann brauche ich Ideenparteien, Problemlösungsparteien, und dazu brauche ich die Leute, die diese Problemlösungen finden. Und da fehlt es uns wirklich an guten Leuten.

LAUX: Das zieht sich durch das gesamte Buch: Die Forderung nach neuen Lösungen, nach Ideenreichtum und Originalität, nicht nur bei Problemlösungen im engeren

Sinn, sondern auch auf der Ebene der Gesamtpersönlichkeit im Sinn von Individualismus und Nonkonformismus.

HERLES: Das war mir ein Anliegen, es ist möglicherweise auch ein biographischer Reflex auf meine Bonner Karriere.

LAUX: Herr Herles, ich danke Ihnen für dieses Interview.

1 Das Interview fand am 27.3.1995 statt.

2 Wolfgang Herles, Das Saumagen-Syndrom. Die Deutschen und ihre Politik. München 1994

3 Thomas Meyer, Die Inszenierung des Scheins. Voraussetzungen und Folgen symbolischer Politik. Frankfurt/M. 1992, S. 91.

4 Cora Stephan, Der Betroffenheitskult. Eine politische Sittengeschichte. Berlin 1993

5 Siehe Anm. 3.

6 Ebenda.

6. Die Zukunft der Selbstdarstellung

Von Lothar Laux

Für die Kommunikationswissenschaft steht fest, daß die Wahlkämpfe in Deutschland zunehmend vom US-amerikanischen Vorbild bestimmt werden: »verstärkte Personalisierung, Einbeziehung des privaten und familiären Umfelds des Spitzenkandidaten, Dominanz von ›Stilen‹ und Entertainment-Qualitäten« (so der Kommunikationsforscher Lutz Hachmeister: Die Woche, 28, 1994, S. 7). Selbst das politische Alltagshandeln werde immer mehr von PR-Elementen durchsetzt.

Tatsächlich haben neue Talente im politischen Entertainment die Bühne betreten. Zu den vielversprechenden Schlüsselfiguren zählt Joschka Fischer: »Was Dschingis Khan und Attila für das Abendland waren, das bin ich für die Redner der Koalition.« (Der Spiegel, 22, 1995, S. 42) Im gleichen Atemzuge muß man Gregor Gysi nennen, der für die einen ein rhetorisches Wunder, für die anderen einen Gaukler, einen Politclown darstellt: »Frage: ›Wie würden Sie einem Blinden Ihr Äußeres beschreiben?‹ Gregor Gysi: ›Groß, stark, schlank, mit tollen Locken.‹«[1]

Noch nicht genügend als Entertainerin gewürdigt wird Heide Simonis. Dabei geht es nicht um ihre auffälligen Brillen und extravaganten Hüte, nein, um ihre für Politiker und Politikerinnen äußerst untypische Redeweise. Originalton der ersten Ministerpräsidentin Deutschlands:

> Mein eigener Mann hat mich angefleht, ich sollte mich nicht zum Examen anmelden, ich wäre zu doof. Er meinte, ich hätte zuwenig getan. Er hatte sicherlich recht. Die anderen – also das war eine solche Uni von Strebern –

König der Fischer

grauenvoll – um mich herum hielt ich überhaupt alle für gräßliche Streber. Die sind auch alle was geworden. Zwei davon sitzen jetzt in meinem Kabinett, einer als Minister und einer als Staatssekretär …[2]

Wer sich an solchen flotten Sprüchen erfreut, muß auch tolerieren können, daß Heide Simonis schon einmal über die Stränge schlägt und in lockerer Runde den damaligen Vorsitzenden ihrer Partei als einen kontaktgestörten Autisten bezeichnet, der nicht er selbst sei und eine Rolle spiele!

Groß, stark, schlank, mit vollen Locken

Immer häufiger beziehen Politiker ihr privates und familiäres Umfeld ein. Sie geben z. B. Auskunft über ihre Lieblingssongs und stellen eine Beziehung zu ihrer Biographie her (Spiegel Special. Pop und Politik, 2, 1994, S. 49):

Norbert Blüm, Bundesminister für Arbeit und Sozialordnung:
›Nehmt Abschied, Brüder, ungewiß ist alle Wiederkehr‹ – »weil dieses Lied alte Erinnerungen an junge Pfadfinderzeiten in mir weckt«.

Volker Rühe, Bundesminister für Verteidigung:
›Suzanne‹ von Leonard Cohen – »weil hier Text und Musik eine Einheit sind«.

Renate Schmidt, bayerische SPD-Vorsitzende:
›Petite fleur‹ von Sidney Bechet – »weil mich dieser Song an die Zeit der Tanzstunde erinnert, an meine erste Liebe und das Kennenlernen mit meinem Mann«.

Jürgen Möllemann, FDP-Karrierist, früherer Minister in mehreren Ressorts:
›What's Up?‹ von den 4 Non Blondes – »weil das Lied die volle Power hat und deshalb zu mir paßt«.

Edmund Stoiber, Ministerpräsident von Bayern:
›I Want To Hold Your Hand‹ von den Beatles – »weil das romantische Erinnerungen in mir weckt. Ich habe damals meine Frau kennengelernt«.

Kurt Biedenkopf, Ministerpräsident von Sachsen:
›My Way‹ von Frank Sinatra – »aber eine Begründung dafür habe ich nicht«.

Politiker können durch solche Aussagen schlagartig in einem anderen Licht erscheinen. Wer hätte gedacht, daß der Titel ›I Want To Hold Your Hand‹ von den Beatles der Lieblingssong von Edmund Stoiber ist?

Superfrauen

Einen ganz neuen Weg geht die bayerische SPD-Landesvorsitzende Renate Schmidt. Sie ließ sich von einer Psychologin eignungsdiagnostisch untersuchen und ließ das vollständige Gutachten veröffentlichen.[3] Das Gutachten ist unterteilt in die Abschnitte: erster Eindruck, persönliche Entwicklungsgeschichte, Persönlichkeitsstruktur, Schlußfolgerungen. Nicht ganz unerwartet lernen wir durch das Gutachten eine »lebendige und resolute«, eine »unerschrockene und selbstbewußte« Frau kennen, die bestrebt ist, »weiblichen Klischeevorstellungen« nicht zu entsprechen. Aber auch Ecken und Kanten werden deutlich: »Ihre dynamisch-vorwärtsdrängende Art schlägt vor allem dann in Ungeduld und Ungehaltenheit um, wenn sie das Gefühl hat, stillzustehen. Insoweit kann sich die Zusammenarbeit mit ihr entweder sehr angenehm oder aber schwierig gestalten.«[4]

Sicherlich werden die Politiker bald die Kunstform des »gläsernen Wohnens« für sich entdecken. Da sie ohnehin ständig im Blickpunkt der Medien stehen, fortwährend beguckt werden, liegt es nahe, daß sie sich auch in ihrer Wohnung rund um die Uhr mit Kameras aufnehmen lassen. Jede ihrer Handlungen könnte nach draußen auf einen Monitor oder direkt ins Fernsehen übertragen werden: Reality-TV der Spitzenklasse! Endlich wären Politiker in der Lage, das private Leben vollkommen im öffentlichen aufgehen zu lassen. Konventionelle Selbstpräsentationen im Rahmen von Talkshows könnten sie sich ersparen zugunsten dieser viel volkstümlicheren Performance.

Ich vermute, daß Politik in Zukunft auch über den Multimedia-Bereich vermittelt wird. CD-ROMs z. B. sind ein geeignetes Medium für die Selbstpräsentation von Politikerpersönlichkeiten. Schlüsselszenen aus dem Leben der Politiker, wichtige Redeauftritte, Videoaufzeichnungen von Gesprächen mit Zeitzeugen – enthalten auf einer CD-ROM als Mischung aus Texten, Bildern, Musik, Film und Animationen. Wirklich faszinierend wären jedoch die interaktiven Anwendungen im Rahmen eines Films: Vor seinem Computer sitzend wird der User in Zukunft seine Schlußszene selbst kreieren können.

Ein Thema für einen spannenden Film auf CD könnte der Kampf um die Führungsposition in der SPD liefern. Als Höhepunkt des interaktiven Films würde sich der Parteitag in Mannheim im November 1995 anbieten. Zunächst müßte das »wirkliche« Ende des Führungsstreits dargestellt

Oskar, der Instinktpolitiker

werden: Der Parteivorsitzende Rudolf Scharping eröffnet den Parteitag mit einer Grundsatzrede, die von vielen Delegierten als glanzlos empfunden wird. Stimmen nach seiner Ablösung werden laut, denn so kann es nicht weitergehen. Aber gibt es eine personelle Alternative? Gerhard Schröder, von vielen Genossen in die Rolle des Sündenbocks gedrängt, zieht es vor, im Hintergrund zu bleiben.

Oskar Lafontaine hat sich im Vorfeld des Parteitags bedeckt gehalten und sich auch kaum an den Angriffen gegen Scharping beteiligt. Oskar – mit dem richtigen Instinkt für Stimmungen – kommt nun aus der Deckung hervor, hält eine brillante Rede und gewinnt die Herzen der Genossen. Getragen von ihrem Beifall entschließt er sich zur Kandidatur und entreißt Scharping in einer Kampfabstimmung den SPD-Vorsitz.

Manchen SPD-Mitgliedern gefällt dieses dramatische Ende ganz und gar nicht: „Da kommt einer und hält eine halbstündige Rede, und die Delegierten sagen: Dann nehmen wir doch mal den! Die spinnen!" (Frankfurter Rundschau, 17.11.95, S. 3) Diese Unzufriedenen können sich mit einer interaktiven CD andere, für sie befriedigerende Schlußszenen basteln:

Variante 1: Rudolf Scharping bleibt Vorsitzender der Partie. Nur jemand, der sein Inneres so verbergen kann, der so viel einstecken kann, ohne die Ruhe zu verlieren, nur jemand, der alle drei Funktionen – Vorsitz, Fraktionschef, Kanzlerkandidat – ausüben und trotz Überarbeitung keine davon abgeben möchte, ist aus dem richtigen Holz geschnitzt.

Variante 2: Gerhard Schröder wird Vorsitzender. Nur jemand, der offen und öffentlich kundtut, daß nur er geeignet ist, ist auch wirklich geeignet. Seiner Neigung zum Entertainment nachgebend läßt er die Parteitage in Zukunft in Form von Unterhaltungssendungen, wie ›Wetten daß...?‹ durchführen. Bei der Moderation unterstützt ihn seine elegante Frau Hillu. Das Ehepaar liebt es, in Cabriolets heimischer Automarken auf die Bühne zu fahren.

Variante 3: Die SPD-Frauen lehnen sich endlich gegen den männlichen Narzißmus ihrer Parteigenossen auf. Heide Simonis und Renate Schmidt tragen die Sache unter sich aus und treten anschließend auf dem Parteitag als Führungsduo auf. Um sich von der Politik nicht auffressen zu lassen und um sich noch anderen Lebensbereichen zu widmen, wollen sie jeweils nur eine halbe Stelle als SPD-Vorsitzende übernehmen. In einer Kampfabstimmung entscheidet sich der Parteitag mit überwältigender Mehrheit für das Jobsharing-Modell der Frauen. Lafontaine, Scharping und Schröder werden zum Parteipsychologen geschickt.

Wer weiß, wie die selbst gewählte Realität das wirkliche politische Leben beeinflußt? Die Zukunft der Selbstdarstellung in der Politik hat jedenfalls längst begonnen.

1 Jörg Köhler/Hanno Harnisch (Hrsg.), Gregor Gysi: Freche Sprüche. Berlin 1995

2 Antje Meyer, Heide Simonis. Deutschlands erste Ministerpräsidentin. Ein Portrait. Bergisch Gladbach 1994, S. 187.

3 Manfred E. Berger, Im Gespräch mit Manfred E. Berger: Renate Schmidt »Was ich will«. Düsseldorf 1994

4 Ebenda, S. 26.

Literatur

Abele, Andrea, Wir haben gewonnen. Zur Kommentierung von Ergebnissen der Bundestagswahl 1987 durch die betroffenen Politiker. In: Zeitschrift für Sozialpsychologie 20 (1989), S. 38–56.

Abromeit, Heidrun, Das Politische in der Werbung. Wahlwerbung und Wirtschaftswerbung in der Bundesrepublik. Opladen 1972

Arkin, Robert M./Ann H. Baumgardner, Self-presentation and self-evaluation: Process of self-control and social control. In: Baumeister, Roy F., Public and private self. New York 1986, S. 75–98.

Atkinson, John. M., Our master's voices. The language and body language of politics. London 1984

Atwater, Lee, Create a fog machine. In: Goldman, Peter/Tony Fuller (Eds.), The quest for the presidency. Toronto 1984, S. 434–438.

Averill, James R., Anger and aggression. New York 1982

Baggaley, John, The psychology of the TV-image. Westmead 1980

Baumeister, Roy F., A self-presentational view of social phenomena. In: Psychological Bulletin 19 (1982), S. 3–26.

Beck, Ulrich, Die Erfindung des Politischen. Frankfurt/M. 1993

Berger, Manfred E., Im Gespräch mit Manfred E. Berger: Renate Schmidt »Was ich will«. Düsseldorf 1994

Bickerich, Wolfram/Jürgen Leinemann/Hans Leyendecker, Bruder Johannes. Herausforderer Rau. Spiegel-Buch. Berlin 1986

Bölling, Klaus, Die letzten 30 Tage des Kanzlers Helmut Schmidt. Ein Tagebuch. Spiegel-Buch. Berlin 1982

Bölsche, Jochen (Hrsg.), Waterkantgate: Die Kieler Affäre. Göttingen 1987

Boorstin, Daniel J., Das Image. Der amerikanische Traum. Hamburg 1967

Bradley, Giffort W., Self-serving biases in the attribution process: a reexamination of the fact or fiction question. In: Journal of Personality and Social Psychology 36 (1978), S. 56–71.

Buchardt, Rainer/Werner Knobbe, Björn Engholm. Die Geschichte einer gescheiterten Hoffnung. Stuttgart 1993

Caddell, Patrick, What is needed is an indirect approach. In: Goldman, Peter/Tony Fuller (Eds.), The quest for the presidency. Toronto 1984, S. 420–426.

ders., Break him like a witness on the stand. In: Goldman, Peter/Tony Fuller (Eds.), The quest for the presidency. Toronto 1984, S. 440–443.
ders., Surprise, surprise, surprise. In: Goldman, Peter/Tony Fuller (Eds.), The quest for the presidency. Toronto 1984, S. 432–434.
Campbell, Angus (Ed.), The American Voter. An abridgement. New York 1964
Caspar, Franz, Beziehungen und Probleme verstehen. Eine Einführung in die psychotherapeutische Plananalyse. Bern 1989
Ceaser, James W., As good as their words: Reagan's rhetoric. In: Public Opinion Quarterly 7 (1984), S. 10–12.
Cialdini, Robert B./Richard J. Borden/Avril Thorne/Marcus R. Walker/Stephen Freeman/Lloyd R. Sloan, Basking in reflected glory: Three (football) field studies. In: Journal of Personality and Social Psychology 34 (1976), S. 366–375.
Conrady, Roland, Die Motivation zur Selbstdarstellung und ihre Relevanz für das Konsumentenverhalten. Eine theoretische und empirische Analyse. Frankfurt/M. 1990

Darman, Richard, A vote against a mythic America. In: Goldman, Peter/Tony Fuller (Eds.), The quest for the presidency. Toronto 1984, S. 412–413.
Davis, Mark H., Voting intentions and the 1980 Carter Reagan Debate. Journal of Applied Social Psychology 12 (1982), S. 481–492.
DePaulo, Bella M./Julie I. Stone/Daniel Lassiter, Deceiving and detecting deceit. In: Schlenker, Barry R. (Ed.), The self in social life. New York 1985
de Shazer, Steven, Das Spiel mit den Unterschieden. Wie therapeutische Lösungen lösen. Heidelberg 1992
Diagnostisches und statistisches Manual psychischer Störungen. DSM-III-R Deutsche Bearbeitung und Einführung von Wittchen, Hans-Ulrich/Henning Saß/Michael Zaudig/Karl Koehler. Weinheim 1989
Diepgen, Raphael, Psychologie in der Politikberatung. Frankfurt/M. 1988
ders, Wie sorg-los sind die Mächtigen? Psychologie heute 9 (1988), S. 52–57.

Ekman, Paul, Universals and cultural differences in facial expressions of emotion. In: Cole, J.R. (Ed.), Nebraska Symposium on Motivation. Lincoln 1972, S. 207–281.
Eppler, Erhard, Das Schwerste ist Glaubwürdigkeit. Gespräche über ein Politikerleben mit Freimut Duve. Reinbek 1978

Fiedler, Peter, Persönlichkeitsstörungen. Weinheim 1994

Filipp, Sigrun-Heide/Dieter Frey, Das Selbst. In: Immelmann, Klaus/Klaus R. Scherer/Christian Vogel/Peter Schmoock (Hrsg.), Psychobiologie – Grundlagen des Verhaltens. München 1988, S. 415–454.
Florin, Irmela, Bewältigungsverhalten und Krankheit. In: Basler, Heinz-Dieter/Irmela Florin (Hrsg.), Klinische Psychologie und körperliche Krankheit. Stuttgart 1985, S. 126–145.
Ford, Michael, We always run with the ball. In: Goldman, Peter/Tony Fuller (Eds.), The quest for the presidency. Toronto 1984, S. 408–411.

Goldman, Peter/Tony Fuller (Eds.), The quest for the presidency 1984. Toronto 1985
Gore, Al, Wege zum Gleichgewicht. Ein Marshallplan für die Erde. Frankfurt/M. 1994
Großkopff, Rudolf, Der Zorn des Kanzlers. Gefühle in der Politik. Bonn 1994

Hafner, Georg M./Edmund Jacoby (Hrsg.), Die Skandale der Republik. Hamburg 1990
Hamilton, V. Lee, Who is responsible? Toward a Social Psychology of Responsibility Attribution. In: Social Psychology 41 (1978), S. 316–328.
Harvey, John H./Dawn C. Turnquist/Gina Agostinelli, Identifying attributions in oral and written explanations. In: Antaki, Charles (Ed.), Analysing everyday explanations: A casebook of methods. London 1988
Heringer, Hans J., »Ich gebe Ihnen mein Ehrenwort«. Politik, Sprache, Moral. München 1990
Herles, Wolfgang, Das Saumagen-Syndrom. Die Deutschen und ihre Politik. München 1994
Herre, Fritz, Bismarck. Der preußische Deutsche. Köln 1991
Herrmann, Theo, Lehrbuch der empirischen Persönlichkeitsforschung. Göttingen 1991
Hochschild, Arlie R., Das gekaufte Herz. Zur Kommerzialisierung der Gefühle. Frankfurt 1990
Horney, Karen, Neurose und menschliches Wachstum. Das Ringen um Selbstverwirklichung. Frankfurt/M. 1991

Jones, Edward E./Steven Berglas, Control of attributions about the self through self-handicapping strategies: The appeal of alcohol and the role of underachievement. In: Personality and Social Psychology Bulletin 4 (1978), S. 200–206.
ders./Thane S. Pittman, Toward a general theory of strategic self-presentation. In: Suls, Jerry (Ed.), Psychological perspectives of the self. Hillsdale 1982, S. 231–263.

Jung, Carl G., Vom Werden der Persönlichkeit. In: Gesammelte Werke, Bd. 17. Olten 1972

Kaden, Lew, Grant Reagan his good intentions. In: Goldman, Peter/Tony Fuller (Eds.), The quest for the presidency. Toronto 1984, S. 430–432.

ders., Reagan is not in command. In: Goldman, Peter/Tony Fuller (Eds.), The quest for the presidency. Toronto 1984, S. 438–440.

Käsler, Dirk, Der politische Skandal. Zur symbolischen und dramaturgischen Qualität von Politik. Opladen 1991

Kaimer, Peter, Lösungsorientiert zuerst! Ein Vorschlag. Verhaltenstherapie und psychosoziale Praxis 3 (1995), S. 389–404.

Kappas, Arvid/Ursula Hess, Emotionskontrolle. In: Psychomed 4 (1992), S. 91–96.

Keeter, Scott, Public opinion in 1984. In: Pomper, Gerald M. (Ed.), The election of 1984. Chatham 1985, S. 91–111.

Kelley, Harold H., The process of causal attribution. In: American Psychologist 28 (1973), S. 107–128.

Kliche, Thomas, Die Entsorgung staatsbürgerlichen Ekels. Über Stand und Ergebnisse der Skandalforschung. In: Moser, Helmut (Hrsg.), L'Eclat c'est moi. Weinheim 1989

Köhler, Jörg/Hanno Harnisch (Hrsg.), Gregor Gysi: Freche Sprüche. Berlin 1995

Köhnken, Günter K., Glaubwürdigkeit. Untersuchungen zu einem psychologischen Konstrukt. München 1990

Kraus, Sidney (Ed.), The great debates: background, perspective, effects. Gloucester 1968

ders., The effects of mass communication on political behavior. Pennsylvania State 1976

Lanzetta, John T./Denis G. Sullivan/Roger D. Masters/Gregory J. McHugo, Emotional and cognitive responses to televised images of political leaders. In: Kraus, Sidney/Richard M. Perloff (Eds.), Mass media and political thought: An information processing approach. Beverly Hills 1985, S. 85–112.

Lasch, Christopher, Das Zeitalter des Narzißmus. München 1980

Lasswell, Harald D., Psychology and Politics. Chicago 1930

Lattmann, Dieter, Die Einsamkeit des Politikers. München 1977

Laux, Lothar, Die Integration von idiographischer und nomothetischer Persönlichkeitspsychologie. In: Andreas Kruse/Reinhardt Schmitz-Scherzer (Hrsg.), Psychologie der Lebensalter. Darmstadt 1995

ders./Hannelore Weber, Emotionsbewältigung und Selbstdarstellung. Stuttgart 1993

ders./Astrid Wengenmayr, Ressourcenorientiertes Kommunikationstraining. Unveröffentlichtes Manuskript, 1995
Leary, Mark R./Robin M. Kowalski, Impression management: A literature review and two-component model. In: Psychological Bulletin 107 (1990), S. 34–47.

Machiavelli, Niccolo, Vom Fürsten. In: Hanns Floerke (Hrsg.), Machiavelli. Gesammelte Schriften, übers. von J. Ziegler & F. Nicolaus. München ca. 1512
Markus, Hazel/Paula Nurius, Possible selves. In: American Psychologist 41 (1986), S. 954–969.
Maschmann, Andreas, Erfassung und Training der Sensibilität gegenüber politischer Selbstdarstellung. Unveröffentlichte Diplomarbeit. Universität Bamberg 1988
Mc Williams, Wilson C., The meaning of the election. In: Pomper, Gerald M. (Ed.), The election of 1984. Chatham 1985, S. 157–184.
McGinniss, Joe, The selling of the president 1968. New York 1969
Meichenbaum, Donald, Intervention bei Streß. Anwendung und Wirkung des Streßimpfungstrainings. Bern 1991
Meyer, Antje, Heide Simonis. Deutschlands erste Ministerpräsidentin. Ein Portrait. Bergisch Gladbach 1994
Meyer, Thomas, Die Inszenierung des Scheins. Voraussetzungen und Folgen symbolischer Politik. Frankfurt/M. 1992
Meyrowitz, Joshua, Überall und nirgends dabei. Die Fernsehgesellschaft I. Weinheim 1990
Moser, Helmut (Hrsg.), L'eclat c'est moi. Weinheim 1989
Müller-Freienfels, Richard, Geheimnisse der Seele. München 1927
Mummendey, Hans D., Psychologie der Selbstdarstellung. Göttingen 1990

Nixon, Richard, Reagan can loose and still win. In: Goldman, Peter/Tony Fuller (Eds.), The quest for the presidency. Toronto 1984, S. 427–430.
ders., People want an architect, not a bricklayer. In: Goldman, Peter/Tony Fuller (Eds.), The quest for the presidency. Toronto 1984, S. 443–449.

Oslislo, Werner, Die Plananalyse als Diagnostikum von Formen der Selbstdarstellung bei Spitzenpolitikern. Unveröffentliche Diplomarbeit. Universität Bamberg 1987

Papert, Frederic, Good Candidates make advertising experts. In: Hiebert, Roy/R. Jones/E. Lotito/J. Lorenz (Eds.), The political image merchants: strategies of the New Politics. Washington 1971

Paris, Rainer, Das politische Sommertheater. Vorgänge 82 (1986), S. 16–19.
Patterson, Thomas E., Television and election strategy. In: Academy of Political Science Proceedings 34 (1982), S. 4–35.
Plotkin, Henry, Issues in the campaign. In: Pomper, Gerald M. (Ed.), The elections of 1984. Chatham 1985, S. 35–39.
Pöttker, Horst, Was suchen die Politiker im Fernsehen und was bewirken sie damit? In: Medium 3 (1990), S. 39–44.
ders., Fernsehen und Wahlen. In: Medium 3 (1987), S. 31–44.
Pomper, Gerald M., The nominations. In: ders. (Ed.), The elections of 1984. Chatham 1985, S. 1–34.
ders., The presidential election. In: ders. (Ed.), The elections of 1984. Chatham 1985, S. 60–90.
Post, Jerrold M., Current concepts of the narcissistic personality: Implications for political psychology. Political Psychology 14 (1993), S. 99–121.
Postman, Neil, Wir amüsieren uns zu Tode. Urteilsbildung im Zeitalter der Unterhaltungsindustrie. Frankfurt 1985

Richardson, Kenneth D./Robert B. Cialdini, Basking and blasting: Tactics of indirect self-presentation. In: Tedeschi, James T. (Ed.), Impression management theory and social psychological research. New York 1981
Rogers, Carl R., Ansichten eines Psychologen über den Atomkrieg: Seine Gefahren, seine mögliche Verhinderung. In: GWG-Info 47 (1982), S. 5–16.
Ruhleder, Rolf H., Rhetorik, Kinesik, Dialektik. Bad Harzburg 1984

Saletin, Ursula, Ich bleibe Rita Süssmuth. Eine Biographie. Freiburg 1993
Sarcinelli, Ulrich, Wahlkampf zwischen Politikinszenierung und Bürgerdialog. Stuttgart 1986
ders., Symbolische Politik. Zur Bedeutung symbolischen Handelns in der Wahlkampfkommunikation der Bundesrepublik Deutschland. Opladen 1987
Schlenker, Barry R., Impression management: The self concept, social identity and interpersonal relations. Monterey 1980
ders., Identity and self-identification. In: Schlenker, Barry R. (Ed.), The self and social life. New York 1985, S. 65–98.
ders./Michael F. Weigold, Interpersonal processes involving impression regulation and management. In: Annual Review of Psychology 43 (1992), S. 133–168.
Schmidt, Lothar, Aphorismen. Das Handbuch der geflügelten Definitionen. Wiesbaden 1985

Schneider, David J., Tactical self-presentation: Toward a broader conception. In: Tedeschi, James T. (Ed.), Impression management theory and social psychology research. New York 1981, S. 23–41.
Schönbach, Peter, Account episodes. Cambridge 1985
Schrott, Peter, Electoral consequences of »winning« televised campaing debates. Paper delivered at the 1988 Meeting of the Midwest Political Science Association.
Schütz, Astrid, Versuch der Anwendung des Selbstdarstellungsansatzes auf den US-Präsidentschaftswahlkampf 1984: Theoretische und empirische Analysen. Universität Bamberg: Unveröffentlichte Diplomarbeit 1986
dies., Leugnen, Umdeuten, Verantwortung ablehnen und andere defensive Taktiken in politischen Skandalen. In: Politische Psychologie Aktuell 1+2 (1990), S. 35–55.
dies., Selbstdarstellung von Politikern. Analyse von Wahlkampfauftritten. Weinheim 1992
dies., Politik oder Selbstdarstellung? Beispiele von Politikerauftritten. In: Jäckel, Michael/Peter Winterhoff-Spurk, Politik und Medien: Analysen zur Entwicklung der politischen Kommunikation. Berlin 1994
dies./Lothar Laux, Erhöhung der Sensibilität von Schülern gegenüber Formen der Selbstdarstellung bei Politikern. Unveröffentlichter Abschlußbericht über ein Forschungsprojekt des Forschungsfonds »Psychologie der politischen Bildungsarbeit«. Bamberg 1989
Seguela, Jacques, Hollywood wäscht weißer. Landsberg/Lech 1983
Sennett, Richard, Verfall und Ende des öffentlichen Lebens. Die Tyrannei der Intimität. Frankfurt/M. 1983
Shadegg, S.G., How to win an election. New York 1964
Shell-Jugendstudie, Jugendwerk der Deutschen Shell: Jugend '92. Opladen 1992
Snyder, Charles R., The excuse: An amazing grace? In: Schlenker, Barry R. (Ed.), The self and social life. New York 1985, S. 235–261.
ders./Howard L. Fromkin, Uniqueness. The human pursuit of difference. New York 1982
ders./Raymond L. Higgins/Rita J. Stucky, Excuses: Masquerades in search of grace. New York 1983
dies., Ausreden. Was unsere großen und kleinen Lügen wirklich bedeuten. Landsberg/Lech 1986
Snyder, Mark, The self-monitoring of expressive behavior. In: Journal of Personality and Social Psychology 30 (1974), S. 526–537.
ders., Public appearances and private realities: The psychology of self-monitoring. New York 1987
Spencer, Stuart, Mondale is perceived as a whimp. In: Goldman, Pe-

ter/Tony Fuller (Eds.), The quest for the presidency. Toronto 1984, S. 415–416.
Spitznagel Albert/Lothar Schmidt-Atzert, Sprechen und Schweigen. Zur Psychologie der Selbstenthüllung. Bern 1986
Stahlberg, Dagmar/Gabriele Osnabrügge/Dieter Frey, Die Theorie des Selbstwertschutzes und der Selbstwerterhöhung. In: Frey, Dieter/Martin Irle, Theorien zur Sozialpsychologie, Bd. III. Motivations- und Informationsverarbeitungstheorien. Bern 1985
Stephan, Cora, Der Betroffenheitskult. Eine politische Sittengeschichte. Berlin 1993
Strauß, Franz J., Erinnerungen. o.O. 1989
Strikker, Frank/Heidrun Strikker, Redekunst im Lampenlicht. Mit Persönlichkeit, NLP und Kreativität überzeugen. Landsberg/Lech 1994
Sullivan, John L./John H. Aldrich/Eugene Borgida/Wendy Rahn, Candidate Appraisal and Human Nature: Man and Superman in the 1984 Election. In: Political Psychology 11 (3) (1990), S. 459–484.
Tausch, Reinhard/Anne-Marie Tausch, Wege zu uns und anderen. Hamburg 1990
dies., Gesprächspsychotherapie, 5. Aufl. Göttingen 1983
Tedeschi, James T./Nancy Norman, Social power, self-presentation and the self. In: Schlenker, Barry R. (Ed.), The self and social life. New York 1985, S. 293–323.
ders./Marc Riess, Predicaments and verbal tactics of impression management. In: Antaki, Charles (Ed.), The psychology of ordinary language explanations of social behavior. London 1981, S. 271–310.
Walter, John L./Jane E. Peller, Lösungsorientierte Kurztherapie. Ein Lehr- und Lernbuch. Dortmund 1994
Weiner, Bernard/James Amirkhan/Valerie Folkes/Julie Verette, An attributional analysis of excuse giving: Studies of a naive theory of emotion. In: Journal of Personality and Social Psychology 52 (1987), S. 316–324.
Wember, Bernward, Wie informiert das Fernsehen? Ein Indizienbeweis. München 1976
Wessels, Herbert, Ein politischer Fall. Weinheim 1988
White, Theodor, Breach of faith. New York 1984
Wills, Thomas A., Downward comparison principles in social psychology. In: Psychological Bulletin 90 (1981), S. 245–271.
Wirth, Hans-Jürgen, Das Barschel-Pfeiffer-Syndrom. Psychoanalytische Aspekte einer narzißtischen Kollusion. Psychosozial 14 (1991) S. 86–98.
Wolf, Werner, Wahlkampf und Demokratie. Köln 1985
Zurhorst, Günter, Wie »echt« können wir leben? In: Psychologie heute 8 (1983), S. 20–29.